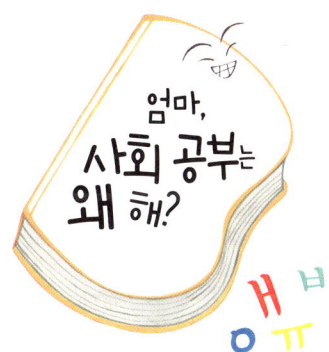

엄마, 사회 공부는 왜 해?

초판 1쇄 발행 2012년 7월 25일

지은이 한현주
펴낸이 이지은 **펴낸곳** 팜파스
책임편집 박선희
디자인 조성미 **마케팅** 정우룡
인쇄 (주)미광원색사

출판등록 2002년 12월 30일 제 10-2536호
주소 서울시 마포구 서교동 404-26 팜파스빌딩 2층
대표전화 02-335-3681 **팩스** 02-335-3743
홈페이지 www.pampasbook.com | blog.naver.com/pampasbook
이메일 pampas@pampasbook.com

값 10,000원
ISBN 978-89-93195-84-2 (74810)
       978-89-93195-79-8 (세트)

ⓒ 한현주, 2012

· 이 책의 일부 내용을 인용하거나 발췌하려면 반드시 저작권자의 동의를 얻어야 합니다.
· 잘못된 책은 바꿔 드립니다.

사회 공부의 필요성과
재미를 깨우치는 즐거운 생활동화

엄마, 사회 공부는 왜 해?

한현주 지음 | 박연옥 그림

팜파스

작가의 말

　여러분은 '사회 과목'에 대해 어떻게 생각하나요? 혹시 '정말 눈곱만큼도 재미없어.', '모르는 말들만 나와서 머리가 지끈지끈 아파.', '도대체 왜 배워야 하는지 이해할 수 없어.'라고 생각하지는 않나요?

　실제로 많은 친구들이 가장 싫어하는 과목으로 사회를 꼽고 있어요. 별로 흥미롭지도 않고, 잘한다고 해서 특별히 좋은 점도 없다고 얘기하지요. 영어를 술술 하거나, 그림을 잘 그리는 아이들은 선생님과 친구들의 관심을 한 몸에 받지만 사회는 그렇지 않으니까요.

그렇다고 사회 과목을 만만하게 볼 수는 없어요. 공부하지 않으면 아예 문제에 손도 못 대는 경우가 많거든요. 또 학년이 높아질수록 점점 어려워지는 데다 배우는 분야도 다양하기 때문에 공부해야 할 내용도 많아지지요.

이렇다 보니 학생들에게 사회는 그저 성적을 올리기 위해 어쩔 수 없이 공부하는 과목이 되어 버렸어요. '울며 겨자 먹기'라는 속담처럼 말이지요. 그렇다면 사회는 정말 어렵고 따분한 과목일까요?

많은 친구들이 사회를 부담스럽게 느끼는 건 사회를 오로지 '성적'하고만 연결 지어 생각하기 때문이에요. 높은 점수를 얻기 위해 억지로 공부하다 보니 흥미를 느끼지 못하는 거지요.

하지만 한 발짝만 물러서서 곰곰이 생각해 보면 사회는 그렇게 어렵고 지루한 과목이 아니에요. 사회는 우리의 일상생활과 아주 가까운 과목이거든요. 또 여러분이 생각하는 것보다 훨씬 더 재미있지요. 옛날 어린이들이 무엇을 하고 놀았는지, 왜 무더운 사막에서 몸을 가리는 옷을 입는지, 김치 맛이 지역마다 다른 까닭은 무엇인지……. 이런 것들이 모두 여러분이 배우는 사회 과목에 담겨 있답니다.

그러니 앞으로는 무조건 사회가 지루하다는 편견에서 벗어나 보세요. 그리고 사회가 무엇에 대해 알려 주는 과목이고, 왜 배워야 하는지에 대해서 꼭 한번 생각해 보세요. 사회 공부를 해야 하는 이유를 깨닫고 나면 사회 과목에 대해 저절로 관심과 흥미가 생기게 됩니다. 그게 정말이냐고요?

그럼 다음에 나오는 우진이의 이야기를 한번 들어 보세요. 우진이는 사회를 아주 싫어하는 초등학생이에요. 하지만 여러 가지 사건을 겪은 다음, 사회 공부를 해야 하는 이유를 알게 되지요. 그리고 사회 과목에 대한 생각이 달라지고요.

자, 그럼 우진이를 만나러 가 볼까요?

한현주

차례

무조건 달달달 외우면 된다고? 10

이상한 책 18

말도 안 돼! 꿈이 아니었어? 30

알뜰 시장의 최고 인기는 누구? 44

같이 학교에 가자고? 57

위험에 빠지다 68

책, 정체가 드러나다 76

미처 생각지 못한 일 91

그날 이후 100

★우진이의 기똥찬 사회 공부 생활수칙★ 118

 # 무조건 달달달
외우면 된다고?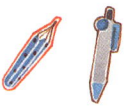

"자, 그럼 사회 공부를 해 볼까?"

"아니요."

선생님의 말에 우진이는 입술을 삐죽 내밀고는 모기 소리만큼 작은 소리로 혼잣말을 했다. 우진이의 말이 들릴 리 없는 선생님은 수업을 시작했다. 얼마 지나지 않아 우진이는 지루함을 이기지 못하고 꾸벅꾸벅 졸기 시작했다.

우진이는 사회 수업이 유난히 재미없었다. 원래 공부에 관심이 많은 편도 아니었지만 사회 과목은 더더욱 공부하기 싫었다.

어려운 말도 많은 데다 외울 것투성이였기 때문이다. 그러다 보니 사회 성적은 바닥으로 떨어지기 일쑤였다.

한참을 졸다 눈을 뜬 우진이는 말없이 앞에 놓인 교과서를 뒤적였다. 그러자 문득 시험 때마다 엄마가 하던 말이 떠올랐다.

"우진아, 사회는 점수 얻기가 제일 쉬운 과목이야."

"왜?"

"그냥 외우기만 하면 되잖아."

"말도 안 돼~, 외우는 게 뭐가 쉬워? 게다가 이해가 잘 안 가는 단어도 많단 말이야."

"그러니까 무조건 달달달 외워. 알았지?"

엄마의 말을 떠올리던 우진이는 한숨을 푹 내쉬며 손을 책상 위에 턱 내려놓았다. 그 바람에 책상 위에 있던 샤프가 또르르 굴러 바닥으로 떨어졌다. 그 순간 선생님이 큰 소리로 이야기했다.

"그동안 계속 설명했던 내용인데 누가 선생님 질문에 한번 대답해 볼까?"

샤프를 줍기 위해 허리를 숙이려던 우진이는 움찔했다. 선생님 눈에 띄었다가는 이름을 불릴 게 분명했다. 우진이는 재빨리 고개를 살짝 숙이고 선생님의 눈을 피해 시선을 아래로 돌렸다.

그러고는 마치 화석이라도 된 것처럼 꿈쩍하지 않았다.

아이들을 죽 훑어보던 선생님의 시선이 우진이에게 멈췄다. 선생님은 우진이를 물끄러미 쳐다보다 말했다.

"안 되겠다. 선생님이 숙제를 내 줘야지."

"어~~~ 선생님 안 돼요."

깜짝 놀란 아이들은 한목소리로 외쳤다.

"안 돼긴, 당장 내일까지 해 와!"

선생님은 눈 하나 깜짝하지 않고 말했다.

"으악."

"말도 안 돼."

"선생님, 내일은 너무 심해요."

아이들은 저마다 소리 높여 아우성을 쳤다. 하지만 수업은 그렇게 끝나 버렸다.

"아, 사회 때문에 짜증 나."

우진이는 친구 준서와 함께 교문을 나서며 불만을 터뜨렸다.

"나도 그래. 재미없고 졸리기만 하고."

"정말이지 나는 이제 사회라는 글자만 봐도 꾸벅꾸벅 졸음이

쏟아진다니까.”

"하하. 맞아. 넌 진짜 사회 시간에 자주 졸더라.”

우진이의 말에 준서는 고개를 앞뒤로 까딱거리며 조는 흉내를 냈다.

"사회는 학생들을 괴롭히려고 가르치는 과목이 분명해.”

아직 분이 풀리지 않는지, 우진이는 먹잇감을 놓친 티라노사우루스처럼 콧김까지 씩씩 내뿜으며 얘기했다.

"뭐?”

"야, 그렇지 않고서야 어쩜 그렇게 쓸모없는 데다가 지루하기까지 한 걸 배우라고 할 수 있냐.”

"으하하. 우진이 네 말이 맞다.”

한참 동안 얘기를 주고받던 우진이와 준서는 갈림길에서 인사를 나누었다. 준서와 헤어진 우진이는 골목으로 접어들었다.

"아, 짜증 나! 대체 사회 과목은 왜 있어 가지고 날 이렇게 열받게 하는 거야.”

우진이는 툴툴대며 중얼거렸다. 몇 발자국이나 걸었을까? 문득 뒤에서 누가 쳐다보는 기분이 들었다. 우진이는 홱 뒤를 돌아보았다. 골목에는 아무도 없었다. 우진이는 고개를 갸웃하고는 다시 걸음을 옮겼다.

"콩콩콩."

우진이의 눈이 동그래졌다. 소리가 나는 것으로 봐서 누군가 따라오고 있는 게 분명했다. 우진이는 양손으로 가방 끈을 꼭 움켜쥐고는 슬쩍 뒤를 돌아보았다. 하지만 몇 번이나 눈을 비비고 보아도 아무도 없었다.

'이상하다. 분명히 무슨 소리를 들었는데.'

우진이는 왠지 오싹한 기분이 들었다. 저만치 보이는 골목 끝이 멀게만 느껴졌다. 우진이는 경보라도 하듯 엉덩이를 씰룩거리며 걸음을 재촉했다. 다행히 콩콩 소리는 더 이상 들리지 않았다.

'내 귀가 잘못됐나? 아까 그 소리는 뭐였지?'

골목 끝에 다다른 우진이는 잠시 멈춰 손가락으로 귓구멍을 후비적거렸다. 그때였다. 갑자기 우진이의 뒤에서 팔랑팔랑 바람이 일더니 뒤통수가 근질근질했다.

'거 참 이상하네. 왜 자꾸만 뒤에 뭐가 있는 것 같지?'

우진이는 침을 한 번 꼴깍 삼키고는 떨리는 마음으로 뒤돌아보았다. 앞을 봐도 옆을 봐도 위를 올려다봐도 아무도 없었다.

마지막으로 땅을 내려봤을 때였다.

"어! 이게 뭐야?"

우진이의 발뒤꿈치 뒤에 책이 한 권 있었다. 여느 책과 다를 바 없어 보였지만 이상하게도 책은 똑바로 세워져 있었다.

"누가 떨어뜨리고 갔지? 근데 무슨 책일까?"

호기심이 발동한 우진이는 조심스레 책을 집으려고 허리를 굽혔다. 그때 골목 끝에서 터벅터벅 발자국 소리가 들렸다. 우진이는 깜짝 놀라 고개를 들었다. 같은 반 친구 해찬이었다.

우진이가 책을 집을까 말까 망설이고 있는 사이, 해찬이는 어느새 우진이 앞으로 달려왔다.

"야, 여기서 뭐하냐? 아! 책을 떨어뜨렸구나."

"어? 아니……. 어."

"뭐해? 얼른 주워."

"어? 어."

우진이는 엉거주춤 책을 주워들었다. 책 표지에는 아무것도 적혀 있지 않았다.

"야, 뭐해? 안 가?"

해찬이는 가만히 서 있는 우진이를 보며 말했다.

"어? 가야지. 가."

우진이는 얼떨결에 책을 가방에 집어넣었다. 그러고는 집을 향해 걸음을 옮겼다.

이상한 책

"학교 다녀왔습니다."

우진이는 엄마에게 인사를 하고 방으로 들어갔다. 그러고는 서둘러 가방에서 책을 꺼냈다.

"어라. 이게 뭐야."

책장을 넘기던 우진이는 깜짝 놀랐다. 책장에는 아무런 글도 적혀 있지 않았다. 아니, 정확히 말하면 ㄱ, ㄴ, ㄷ, ㅏ, ㅑ, ㅓ 같은 한글의 자음과 모음만 잔뜩 쓰여 있었다. 게다가 책 모양은 커다란 귀 모양이었다.

"뭐야 이건. 한글을 배우는 꼬마들이나 보는 책이잖아. 아니지. 혹시 무슨 암호 책인가?"

우진이는 책을 거꾸로 들어 살피기도 하고, 책에 쓰인 자음과 모음이 무슨 뜻인지 곰곰이 생각해 보기도 했다. 하지만 아무리 머리를 굴려 봐도 도통 정체를 알 수 없었다.

"에잇. 괜히 쓸데없는 책을 주워 왔네."

"우진아, 학원 가야지."

밖에서 엄마가 부르는 소리가 들렸다. 우진이는 책을 아무렇게나 책상 위에 던져두고 방을 나섰다.

우진이는 늦은 시간이 돼서야 학원에서 돌아왔다. 방에 들어오자마자 침대에 벌렁 누워 눈을 감았다.

'아, 힘든 하루였어. 이럴 땐 스트레스를 좀 풀어 줘야 하는데……. 그렇다면?'

우진이는 벌떡 일어나 책상 앞에 앉았다.

'엄마한테 걸리면 혼날 텐데……. 그래. 조금만 하는 거야. 조금만.'

우진이는 싱글벙글 웃으며 컴퓨터를 켜고 게임을 시작했다. 조금 전까지 피곤해하던 모습은 온데간데없었다. 우진이는 초

롱초롱한 눈빛으로 손가락을 재빠르게 움직였다.

"오늘은 영 안 풀리네. 좋았어. 다시 도전!"

우진이는 엄마가 부르는 소리도 듣지 못한 채 게임에 열중했다. 결국 엄마가 우진이를 부르며 방문 손잡이를 딸깍 돌리는 소리를 듣고서야 정신을 차렸다. 우진이는 의자에서 용수철처럼 튕기듯 일어나 방문 앞으로 달려갔다. 그러고는 열린 문 사이로 고개만 빠끔 내밀었다.

"어, 엄마 왜?"

엄마는 빵과 음료수가 놓인 쟁반을 우진이의 코앞에 들이댔다.

"간식 먹으라고 불렀는데 못 들었어? 자, 이거 먹어."

"이, 이리 줘. 내가 가져가서 먹고 내놓을게."

"그래 주면 엄마야 고맙지. 여기……."

엄마는 쟁반을 건네주고 되돌아가는 듯했다. 그런데 별안간 엄마의 시선이 우진이 뒤편으로 향했다. 우진이는 아차 싶었다.

"정우진, 너 또 게임 했지!"

엄마의 말에 우진이는 고개를 저으며 이야기했다.

"아, 아냐."

"그런데 컴퓨터가 왜 켜져 있어?"

"응? 그, 그건……. 맞다. 수, 숙제하려고 켜 놓은 거야."

"숙제?"

"응. 사, 사회 숙제. 선생님이 당장 내일까지 해 오라고 하셨거든."

"정말이야? 말 더듬는 폼이 수상한데?"

엄마는 방문을 확 밀더니 컴퓨터 앞으로 다가갔다. 컴퓨터를 들여다본 엄마는 채 끄지 못한 게임 화면을 보더니 화가 잔뜩 난 목소리로 말했다.

"얼씨구. 이젠 거짓말까지 해?"

"거짓말 아니야. 진짜 선생님이 내일까지 사회 숙제 해 오라고 하셨어."

"오호. 선생님이 숙제하기 전에 게임도 한판 하라고 하셨고?"

"그건 아니고……."

역시 엄마에게는 말로 당해 낼 수가 없다. 우진이는 풀죽은 목소리로 말끝을 흐렸다.

"너, 엄마랑 게임 하는 시간 줄이기로 약속했어, 안 했어?"

"했어. 근데 엄마, 나 오늘은 조금밖에 안 했어. 진짜 방금 전에 시작했다니까."

우진이는 억울하다는 목소리로 대답했다. 엄마는 팔짱을 끼고 고개를 젓더니 말했다.

"안 되겠다. 지난번에 엄마 몰래 게임 하면 용돈 줄이기로 한 거 기억하지? 당장 다음 주부터 용돈 반으로 깎을 테니까 그런 줄 알아."

"그런 법이 어디 있어. 안 그래도 만날 용돈이 모자라는데."

우진이는 엄마의 말에 펄쩍 뛰었다. 하지만 엄마는 쌩하니 방문을 닫고 나가 버렸다.

"아! 말도 안 돼!"

우진이는 의자에 쓰러지듯이 앉아서 두 손으로 머리를 감싸 쥐었다.

"용돈이라고는 코딱지만큼 주면서. 그것마저 깎으면 어쩌라는 거야."

우진이의 말이 끝나기가 무섭게 엄마가 다시 방문을 벌컥 열었다.

"뭐? 용돈을 코딱지만큼 줘? 정우진, 네 코딱지는 그렇게 크냐? 용돈 타령할 시간 있으면 빨리 숙제부터 해. 알았어?"

"알았어. 알았다고!"

우진이는 볼멘소리로 대답하고는 사회 숙제를 시작했다. 그런데 책상에 앉은 지 채 몇 분도 되지 않아 슬슬 졸음이 쏟아졌다. 우진이는 자꾸만 감기는 눈꺼풀과 씨름을 벌였다. 하지만 어느새 눈이 스르륵 감기고 말았다. 깜빡 졸던 우진이가 정신을 차렸을 땐 손에 쥔 샤프가 공책에 제멋대로 그림을 그리고 있었다.

"아~함. 졸려 죽겠네. 빨리 끝내고 잠이나 자자."

우진이는 목젖이 다 보일 정도로 늘어지게 하품을 했다. 그러고는 없던 쌍꺼풀이 생길 정도로 눈에 힘을 팍 주고 숙제를 시작했다.

"사회 수업을 듣는 것도 모자라 숙제까지 해야 하다니. 후. 너무한다, 너무해."

용돈마저 깎였는데 사회 숙제까지 하려니 끊임없이 불평이 쏟아져 나왔다.

"차라리 사회가 싫은 이유를 써 오라고 하지. 그럼 일 분 안에 백 가지도 넘게 쓸 수 있을 텐데. 아니지. 이왕이면 사회 시험에 그런 문제가 나오면 얼마나 좋을까. 그럼 난 만날 사회 시험은 백 점 맞을 거야."

우진이는 사회 참고서를 고스란히 베끼는 걸로 겨우 숙제를 끝냈다. 그러고는 불만이 가득한 손길로 사회 참고서를 휙휙 넘기며 중얼거렸다.

"지도를 보는 법? 이런 건 대체 왜 배워? 내가 무슨 보물섬 탐험하는 선장도 아니고 지도 볼 일이 어디 있다구. 이건 또 뭐야. 옛사람들의 생활 모습? 아니, 옛사람들이 어떻게 살았는지 내가 왜 알아야 해? 어라! 여러 나라의 문화? 어이구 골치야."

우진이는 사회 참고서를 탁 덮고는 의자에 털썩 기댔다.

"도대체 사회 공부를 왜 해야 해? 나랑 아무 상관도 없고 쓸모도 없는데. 아, 스트레스 받아."

우진이는 고개를 절레절레 흔들었다. 그때였다.

"어!"

저만치 책상 위에서 작고 까만 것들이 꿈틀꿈틀 움직이는 게 보였다.

"저번처럼 또 개미 꼬였나? 맞다. 엄마가 준 간식! 에잇. 난 빵 맛도 못 봤는데. 개미들이 먼저 먹어 버리네."

우진이는 얼른 책상 위에 놓인 쟁반을 다른 곳으로 옮겼다. 그러다 순간 얼음처럼 굳어 버렸다. 너무 놀란 나머지 '악!' 소리조차 내지 못했다. 꿈틀대는 건 개미가 아니었다. 골목길에서 주워

온 책에 쓰인 글자였다.

'내가 지금 뭘 보고 있는 거지? 정우진. 정신 차려, 정신!'

우진이는 눈을 마구 비비고 손으로 볼을 쭉 잡아당겼다. 하지만 꿈틀꿈틀 움직이는 건 분명 책에 쓰여 있던 글자였다. 우진이는 유령이라도 본 것처럼 몸을 벌벌 떨며 뒷걸음질쳤다. 그러다 간신히 용기를 내어 목을 쭉 빼고는 책장을 쳐다보았다. 그 순간, 상상도 못할 일이 벌어졌다. 책장 위를 꼬물꼬물 기어 다니던 자음과 모음이 합쳐지더니 글이 나타난 것이다.

안녕? 만나서 반갑다.

우진이는 비명을 지를 것 같아서 두 손으로 입을 틀어막았다. 눈으로 보면서도 믿을 수 없었다. 겁이 나서 절로 목이 잔뜩 움츠러졌다. 그러나 책에서 눈을 뗄 수는 없었다. 자음과 모음은 다시 흩어지더니, 새로운 글을 만들었다.

몹시 놀란 것 같으니 간단히 얘기하지. 넌 내가 찾던 아이야. 그래서 골목길에서 널 따라온 거고. 하지만 걱정할 필요는 없어. 난 너에게 도움을 주려는 것뿐이거든. 앞으로 고민이 생기면 나한테 털어놔 봐. 알았지?

우진이는 손가락으로 책을 가리키며 "어, 어" 소리만 내뱉을 뿐 자리에서 꼼짝도 하지 못했다.

너, 진짜 많이 놀랐구나? 오늘은 그만 얘기하는 게 좋겠

다. 그럼 이만.

　멍하니 책을 바라보던 우진이는 식은땀을 줄줄 흘렸다. 우진이는 다시 글자들이 스멀스멀 움직이는 걸 보자 참지 못하고 "으악."하고 고함을 질렀다. 그 소리를 듣고 놀란 엄마가 방문을 벌컥 열었다.
　"왜 그래? 정우진. 무슨 일이야."

엄마는 꼼짝 않고 서 있는 우진이를 보았다.

"어, 엄마 저기 책, 책상 위에……."

우진이는 책상 위에 놓인 책을 가리켰다. 그러나 책의 글자는 자음과 모음으로 흩어진 채 더는 움직이지 않았다.

"응. 책상 위에 뭐? 아! 사회 숙제. 아우, 싱겁긴. 깜짝 놀라서 달려왔더니 숙제 다 했다는 소리하려고 그런 거니?"

"……."

엄마의 말에 우진이는 아무 대답도 할 수 없었다. 사실대로 이야기해 봤자 거짓말이라고 할 게 뻔했으니까.

엄마는 멍하니 서 있는 우진이의 얼굴을 이상하다는 듯 쳐다보며 말했다.

"얘가 왜 이렇게 정신이 없어. 졸려서 그러니? 늦었는데 이제 그만 자."

우진이는 엄마의 팔에 이끌려 침대로 올라갔다. 엄마는 불을 끄고는 "잘 자."라는 말을 남긴 채 나가 버렸다. 우진이는 어둠 속에서 책상 위를 뚫어져라 바라보았다. 그러나 어두운 탓에 아무것도 보이지 않았다.

"글자가 움직이는 책이라니. 말도 안 돼! 그래. 난 그냥 헛것을 본 거야. 헛것."

우진이는 이불을 당겨 덮으며 중얼거렸다.

"어쩌면 오늘 너무 스트레스를 받아서 이상한 꿈을 꾼 걸 수도 있어. 아까 사회 숙제하기 전에도 막 졸았잖아? 잠깐 조는 사이에 꿈을 꾼 거야. 얼른 자자, 정우진."

우진이는 눈을 꼭 감고 잠을 청했다. 더는 이상한 꿈을 꾸지 않기 바라며.

말도 안 돼! 꿈이 아니었어?

'정말 꿈이었을까? 꿈치고는 너무 생생했어. 꿈틀꿈틀 움직이던 그 글자들……. 아, 대체 뭐지?'

"우진아!"

하굣길, 우진이는 준서가 부르는 줄도 모르고 골똘히 생각에 잠긴 채 걷고 있었다. 늦잠을 잔 탓에 아침에는 어젯밤에 벌어진 일에 대해 생각조차 하지 못했다. 그러나 학교에 도착한 다음부터 수업을 끝내고 집으로 돌아가는 순간까지 어젯밤의 일이 내내 머릿속에서 떠나지 않았다.

"야! 정우진!"

결국 참다못한 준서가 귀에 대고 소리를 꽥 지르자 그제야 우진이는 옆을 돌아보았다.

"응?"

"온종일 뭔 생각을 그렇게 하냐?"

한참을 망설이던 우진이는 주위를 두리번거리더니 목소리를 낮추어 이야기했다.

"저기 준서야……."

"왜?"

"너 혹시 글자가 움직이는 책을 본 적 있냐?"

"뭐?"

"아 왜 책에 있는 글자가 개미들처럼 막 움직이면서 흩어졌다가 다시 모이고……."

"무슨 뚱딴지같은 소리야. 글자가 움직이는 책이 어디 있어."

"그치! 그런 책은 못 봤지?"

"당연하지. 그럼 넌 봤냐?"

"응?"

우진이는 눈을 동그랗게 떴다.

"야, 뭘 그렇게 놀래. 근데 그런 말도 안 되는 얘기는 갑자기 왜 하냐?"

"실은 내가 어제……."

"어제 뭐?"

우진이는 준서의 눈치를 살폈다. 그러다 한숨을 푹 내쉬며 힘없이 말했다.

"어제 좀 이상한 꿈을 꿨거든. 그래서 그냥 꿈 얘기를 해 본 거야."

"자식. 생뚱맞긴."

준서는 피식 웃었다. 다행히 우진이의 이야기를 심각하게 여기는 것 같지 않았다. 우진이는 얼른 다른 이야기를 꺼냈다.

"너 내일 알뜰 시장에 뭐 가져올거야?"

"글쎄."

"아직 생각 안 해 놨어?"

"응. 오늘 집에 가서 찾아보려고. 어, 근데 저게 뭐지?"

준서는 손가락을 들어 아이들이 몰려 있는 곳을 가리켰다. 색깔 풍선들로 장식된 곳에서 신나는 음악이 흘러나오고 있었다.

"뭐가 새로 생겼나 본데?"

"우리도 가 보자."

우진이와 준서는 아이들이 몰려 있는 곳으로 향했다.

"와! 컵 치킨이다."

"어, 정말."

두 아이는 코를 찌르는 고소한 치킨 냄새에 정신을 잃었다. 특히 치킨이라면 자다가도 벌떡 일어나는 우진이는 어느새 책에 대한 생각을 까맣게 잊어버렸다.

"맛있겠다. 근데 좀 비싸네."

콧구멍을 벌름거리던 우진이는 아쉬운 듯 말했다.

"그러게. 에이, 그래도 못 참겠다. 오늘 한 번만 사 먹어 보자."

준서는 천 원을 꺼내 컵 치킨을 샀다. 옆에 있던 우진이도 주섬주섬 돈을 꺼내려 했다. 바로 그때 갑자기 어젯밤 게임 하다 걸린 일이 생각났다.

'엄마가 다음 주에 용돈을 절반으로 깎는다고 했는데……. 당장 이 돈을 써 버리면 다음 주에는 어떻게 살지?'

우진이는 컵 치킨 말고 다른 메뉴는 없나 가격표를 요리조리 살펴봤다. 아쉽게도 컵 치킨보다 더 싼 메뉴는 없었다. 우진이는 이러지도 저러지도 못하고 가만히 서 있었다.

"야 정우진, 비켜."

누군가 우진이를 밀치며 큰 소리로 말했다. 우진이네 반 회장 성호였다.

"야! 왜 밀어?"

"구경만 하려면 저리 비키라고! 추접스럽게 침 흘리며 쳐다보지 말고!"

"뭐! 추, 추접? 너 말 다했어?"

비꼬는 성호의 말에 우진이는 울컥했다. 우진이는 성호를 날카롭게 쏘아보며 한 발자국 다가섰다. 성호는 물러서지 않고 우진이의 얼굴을 똑바로 쳐다보며 말했다.

"왜 내가 틀린 말 했냐? 사 먹을 것도 아니면서 자리만 차지하고 있으면 어쩔 건데?"

성호는 입을 삐죽거렸다. 그 모습을 보던 준서가 앞으로 나섰다.

"박성호! 우리도 조금 전에 왔거든. 그리고 구경만 한 게 아니라 같이 먹으려고 하나 샀다. 네 눈에는 이게 안 보이냐?"

준서는 성호를 향해 컵 치킨을 흔들어 보였다.

"오라! 준서가 산 거 얻어먹으려고 붙어 있었구나."

성호는 지지 않고 비아냥거렸다.

'아니 저 자식이······.'

우진이는 자존심이 확 상했다. 눈에서 금방이라도 불이 뿜어져 나올 것 같았다. 우진이는 성호와 얼굴이 맞닿을 정도로 가까이 다가갔다.

"야!"

"왜!"

"눈 똑바로 뜨고 잘 봐. 나도 돈 있거든!"

우진이는 돈을 척- 꺼내 성호의 눈앞에 내밀었다.

그런 다음, 팔을 쭉 뻗어 아저씨에게 천 원짜리를 건네며 큰 소리로 외쳤다.

"아저씨! 저도 하나 주세요."

"자, 여기."

컵 치킨을 받아든 우진이는 의기양양하게 성호를 째려봤다. 그러고는 '메롱' 하는 것처럼 혀를 내밀고 치킨 한 조각을 입에 쏙 넣었다.

"흥."

성호는 콧방귀를 끼더니 질 수 없다는 듯 아저씨에게 돈을 내밀었다.

"아저씨, 전 큰 컵으로 주세요. 이천 원짜리 큰~~~컵."

"와. 저게 끝까지 약을 올리네."

우진이는 분을 이기지 못하고 씩씩댔다.

"놔둬. 잘난 척 대왕 박성호가 저러는 게 하루 이틀이냐? 그만 가자."

준서는 우진이의 등을 토닥거리며 말했다. 우진이는 성호를 한 번 흘겨보고는 걸음을 옮겼다. 그러다 무슨 생각이 떠올랐는지 뒤돌아서 큰 소리로 외쳤다.

"야, 박성호! 혼자 큰 컵 먹으니까 좋냐? 많이 먹고 푸짐하게 싸라!"

성호의 얼굴이 순식간에 벌겋게 달아올랐다. 우진이와 준서는 배를 움켜잡고 엎어질 듯 자빠질 듯 깔깔거렸다. 그러나 우진이의 웃음은 오래가지 못했다. 집에 도착할 무렵 바닥을 드러낸 컵을 보자 후회가 밀려들었다.

'아, 이제 어쩌지? 돈은 죄다 써 버렸는데.'

우진이는 하나 남은 치킨을 콕 찍어 먹으며 생각했다.

'하여간 박성호. 괜히 남의 속은 긁어 가지고. 하필이면 그때 나타날 게 뭐람.'

생각할수록 성호가 얄미웠다. 우진이는 빈 컵을 신경질적으로 구겨 쥐고 벨을 눌렀다.

"엄마, 나야."

집으로 들어간 우진이는 힘없이 방문을 닫고 침대 위에 걸터앉았다.

'엄마한테 용돈을 거의 다 써 버렸다고 솔직하게 털어놓을까? 다음 주에 제발 용돈 깎지 말아 달라고?'

그러다 이내 고개를 설레설레 저었다.

'아냐. 그랬다가는 괜히 등짝만 한 대 얻어맞을 게 뻔해. 아, 이럴 줄 알았으면 용돈을 좀 모아 둘 걸. 아니 알뜰하게 쓸 걸.'

시무룩하게 앉아 있던 우진이는 별안간 무릎을 탁 치고는 벌떡 일어섰다.

"그렇지! 내일 알뜰 시장이 열리잖아!"

우진이는 활짝 웃으며 말했다.

"푸하하. 하늘이 무너져도 솟아날 구멍은 있다더니. 좋았어! 내일 물건을 몽땅 팔아서 부족한 용돈을 채우는 거야."

신이 난 우진이는 온 방 안을 헤집으며 알뜰 시장에 가져갈 물건을 챙기기 시작했다.

"뭘 팔아야 좋을까? 일단 쓰지 않는 수첩이랑 액자, 책도 몇 권 가져가고. 또 뭘 가져가지?"

한참 동안 방 안을 두리번거리던 우진이는 문을 열고 엄마를 불렀다.

"엄마! 내일 학교에서 알뜰 시장이 열리는데 뭐 내다 팔 거 없어?"

"알뜰 시장?"

"응. 올해부터 우리 학교도 알뜰 시장을 열기로 했어."

"그래? 작아서 못 입는 옷을 가져가는 게 어떠니. 엄마가 네 옷을 정리하면서 모아 둔 게 있거든."

"오, 정말?"

"그래. 엄마가 꺼내 줄게."

"어."

우진이는 엄마가 갖다 준 옷을 가방에 넣었다. 책상 위에서 수첩과 헌책을 챙기던 우진이는 고민에 빠졌다.

"이것만으로는 부족해. 내놓자마자 인기가 폭발할 만한 물건이 뭐 없을까? 옳지!"

잠시 고민하던 우진이는 벌떡 일어나 아끼던 장난감 몇 가지를 챙겨 들었다. 그러다 장난감을 만지작거리며 중얼거렸다.

"막상 팔려니 좀 아까운데. 아니야. 용돈을 벌려면 어쩔 수 없어. 그나저나 이걸 얼마에 팔아야 할까? 솔직히 새것이나 다름없는데. 돈을 많이 벌려면 좀 비싸게 받아야겠지? 아, 이거 가격 정하는 것도 고민이네."

우진이는 눈을 이리저리 굴리며 생각에 잠겼다. 그때였다. 잠시 잊고 있던 책이 눈에 확 들어왔다. 그와 동시에 어제 본 글이 자동으로 머릿속에 동동 떠올랐다.

'앞으로 고민이 생기면 나한테 털어놔 봐.'

우진이의 마음이 다시 복잡해졌다.

'내가 지금 무슨 생각을 하는 거지?'

우진이는 책에서 눈을 떼지 못한 채 골똘히 생각했다.

'아니야. 자꾸 생각나는 걸 보면 뭔가 이상해. 이럴 게 아니라 어젯밤 일이 사실인지 아닌지부터 확인해 보자.'

먼저 우진이는 긴장을 풀기 위해 숨을 훅 들이마셨다가 내뱉었다. 그러고는 조심스레 책을 펼쳤다. 처음 봤을 때처럼 아무 뜻 없이 쓰여 있는 자음과 모음이 보였다. 한참을 망설이던 우진이는 주먹을 꽉 쥐고 책을 향해 나직이 말했다.

"고, 고, 고민이 있어."

그러자 귀 모양의 책 표지가 쓱 펼쳐지더니 팔랑팔랑 움직였다. 자음과 모음도 정신없이 움직이기 시작했다. 우진이는 심장이 쿵쾅쿵쾅 뛰었지만, 정신을 차리려고 안간힘을 썼다.

오호. 드디어 말을 붙이는군. 네 고민이 뭔데?

우진이는 냉동인간처럼 바짝 얼어붙었다. 무슨 말이든 해야 겠다고 생각하면서도 입을 뗄 수 없었다. 그 사이 책에는 또 다른 글이 만들어졌다.

너, 용돈은 부족하고 내일 돈은 많이 벌고 싶고. 그런데 어떻게 해야 할지 몰라서 고민이지?

"어! 네가 그걸 어떻게……."
우진이는 깜짝 놀라 자신도 모르게 소리를 질렀다.

히히. 네가 아까 방 안에서 중얼거리는 거 나도 다 들었거든. 아무튼 네가 고민을 털어놨으니 내가 좋은 방법을 알려 주지.

우진이는 글을 읽으며 침을 꿀꺽 삼켰다. 고민을 털어놓길 잘했다는 생각이 스쳤다.

책에는 자음과 모음이 만나서 글이 완성되어 가고 있었다.

돈을 많이 벌고 싶다고 무조건 가격을 비싸게 매기면 안 돼. 가격이 오르면 물건을 사려는 사람이 줄어들기 마련이거든. 또 하나! 물건을 많이 팔려면 남들보다 경쟁력이 있어야 해. 가격을 내리는 것도 좋지만 네가 파는 물건을 적극적으로 알리는 것도 중요하다는 말이지. 기업이 제품을 팔 때 왜 광고를 하겠어? 내 말을 잘 생각해 봐.

우진이는 책을 뚫어져라 쳐다보며 중얼거렸다.
"그래. 이건 꿈이 아니야."

그럼 여태 꿈인 줄 알았냐? 난 널 도와주려고 하는 거니까 내가 알려 준 걸 잘 기억해 둬.

우진이가 글을 한 번 더 읽었을 때, 글은 자음과 모음으로 흩어지고 두 귀는 다시 접혔다. 우진이는 쿵쾅거리는 가슴을 간신히 달래며 조심스레 책을 덮었다.

알뜰 시장의 최고 인기는 누구?

"좋았어. 오늘 한 번 제대로 해 보는 거야."

우진이는 두 주먹을 불끈 쥐고 속으로 파이팅을 외치며 교실에 들어섰다.

"와, 그게 다 뭐냐?"

척 봐도 묵직해 보이는 우진이의 빵빵한 가방을 보고 준서가 다가왔다.

"안 입는 옷이랑 다른 거 몇 가지 가져왔어. 그리고 비장의 무기도."

"비장의 무기?"

하지만 '비장의 무기'라는 말에 관심을 가지는 아이는 준서뿐이었다. 반 아이들은 모두 교실 한쪽에 둥그렇게 몰려 있었다.

"쟤네 왜 저러고 있냐?"

우진이는 아이들이 모여 있는 곳을 가리키며 준서에게 물었다. 우진이의 말이 끝나자마자 반 아이들이 손짓을 하며 우진이를 불렀다.

"우진아, 너도 일로 와서 구경해 봐."

"그래. 성호가 끝내주는 걸 가져왔어."

솔직히 우진이도 성호가 어떤 물건을 가져왔는지 궁금했다. 그렇지만 어제 성호가 자존심을 긁은 일이 생각나자 궁금한 마음이 싹 달아났다.

"됐어. 난 안 봐도 되니까 너희나 실컷 봐라."

우진이는 큰 소리로 말하고는 자리에 가서 앉았다. 하지만 아이들이 주고받는 이야기에 자꾸 신경이 쓰였다. 아이들은 성호의 물건을 들여다보며 쉴 새 없이 재잘거렸다.

"야, 이건 얼마짜리냐? 꽤 비싸 보인다."

"어, 그거? 좀 비싸."

아이들에게 빙 둘러싸인 성호는 잔뜩 거드름을 피우며 이야기했다.

"완전 새 거네. 이렇게 좋은 걸 왜 파냐?"

"난 뭐 이것 말고도 좋은 게 많으니까."

"우와."

"좋겠다, 박성호."

성호의 대답에 아이들은 연신 부럽다며 감탄했다.

'대체 뭘 가져왔기에 저렇게 호들갑이지?'

궁금함을 참지 못한 우진이는 슬그머니 자리에서 일어났다. 그러다 다시 제자리에 털썩 앉았다.

"자존심이 있지. 까짓것 안 봐도 그만이다 뭐."

우진이는 자리에 앉아 혼잣말을 했다.

바로 그때 선생님이 교실 문을 열고 들어왔다.

"준비는 잘해 왔지? 다들 알뜰 시장은 처음이니까 좋은 경험이 될 거야. 모두 열심히 해 보자!"

"네."

우진이와 반 아이들은 힘차게 대답하고는 자리를 옮겼다. 우진이는 집에서 준비해 온 돗자리를 펴고 가져온 물건을 보기 좋게 늘어놓았다.

'이렇게 놓는 게 나을까? 아니야. 이렇게 해야 눈에 더 잘 띌 거야.'

이리저리 물건을 옮기던 우진이의 눈앞에 막 산 것처럼 깨끗한 신발이 보였다.

'벌써 물건을 사러 왔나?'

우진이는 반가운 마음에 위를 올려다봤다. 하지만 반가웠던 마음은 1초 만에 사라졌다.

"에게~~~. 이게 네가 팔려고 가져온 물건이냐?"

성호는 우진이의 물건을 집어 들더니 요리조리 살폈다. 우진이는 성호를 상대하기도 싫은 마음에 대꾸조차 하지 않았다. 우진이가 아무런 반응도 보이지 않자, 성호는 물건을 던지듯이 내려놓았다. 그러고는 우진이 옆에 자리를 펴며 말했다.

"너무 평범한 걸 가져왔다."

깐죽거리는 성호의 말에 우진이는 더 이상 참을 수 없었다.

"뭐라고?"

"솔직히 그렇잖아. 옷도 그렇고 장난감도 그렇고. 누구나 다 갖고 있을 만한 물건들이네."

우진이는 발끈하며 물었다.

"그럼 넌 뭘 가져왔는데?"

우진이의 말에 성호는 기다렸다는 듯이 자랑스럽게 물건을 보여 주었다. 비싼 브랜드가 커다랗게 박힌 티셔츠와 신발, 리모컨으로 움직이는 자동차에, 반짝반짝하는 작은 보석함까지 있었다. 물건은 한눈에 보기에도 아주 좋아 보였다.

하지만 우진이는 일부러 하나도 놀랍지 않다는 표정을 지어 보였다. 틈만 나면 잘난 척을 하는 성호가 얄미웠기 때문이다.

"오늘은 내가 우리 반에서, 아니 우리 학교 전체를 통틀어서 제일 많이 벌걸."

성호는 뻐기듯이 말했다. 그때 여자 아이 두 명이 다가오더니 성호가 가져온 보석함을 만지작거렸다.

"이거 진짜 예쁘다. 그치?"

"나 이거 살래. 얼마 주면 돼?"

"글쎄……."

성호가 고민하는 사이 여자 아이는 돈을 꺼내며 말했다.

"오백 원? 아니면 천 원?"

성호는 갑자기 눈이 휘둥그레지더니 두 손을 마구 저었다.

"야! 이거 특별히 우리 엄마한테 얘기해서 가져온 거거든. 그냥 보석함이 아니라 뚜껑을 열면 음악도 나오는 오르골 보석함이란 말이야. 이게 얼마짜리인 줄 알아?"

"당연히 모르지. 내가 그걸 어떻게 아냐?"

돈을 꺼내던 여자 아이는 톡 쏘아붙였다. 성호는 고개를 저으며 말했다.

"그렇게 싼값으로는 절대 못 팔아. 아니 안 팔아!"

"쳇. 나도 안 사!"

여자 아이는 물건을 휙 내려놓더니 뒤도 돌아보지 않고 가 버렸다. 성호는 심통이 난 얼굴로 보석함을 제자리에 갖다 놓았다. 그 모습을 옆에서 지켜보고 있던 우진이는 혀를 차며 말했다.

"쯧쯧, 그렇게 해서 물건이 팔리겠냐? 어험. 어디 내 비장의 무기를 슬슬 꺼내 볼까?"

우진이는 늘어놓은 물건에 미리 준비해 온 가격표를 척척 붙였다. 그리고는 알록달록한 옷을 걸쳐 입고 이마에 띠를 질끈 둘러맸다. 아이들은 요상한 복장을 한 우진이를 보며 킥킥댔다. 하지만 우진이는 아랑곳하지 않고 크게 박수를 치며 아이들을 불러 모았다.

"자, 자, 애들은 와라! 애들은 와! 골라, 골라, 싸고, 좋아!"

아이들은 금세 우진이에게 몰려들었다. 우진이가 가져온 물건은 순식간에 날개 돋친 듯 팔려 나갔다. 신이 난 우진이는 아예 물건을 양손에 들고 춤을 추기 시작했다.

"오, 예! 싸다 싸! 없는 것 빼고는 다 있어!"

우진이의 엉성한 춤 솜씨에 아이들은 재미있어하며 점점 더 많이 몰려들었다. 장사를 시작한 지 얼마 되지도 않아 물건들은 다 팔려 나갔다.

"우하하. 이게 다 얼마냐?"

우진이는 자리에 앉아 돈을 셌다. 옆에서 들여다보던 성호는 못마땅한 표정으로 비아냥거렸다.

"그까짓 거 다 팔아 봤자 얼마나 된다고. 무슨 부자라도 된 것처럼 호들갑은."

"부러우면 부럽다고 말해. 괜히 꼬투리 잡지 말고."

우진이의 말에 성호는 목소리를 높였다.

"부, 부럽기는 누가 부러워한다고 그래? 내 물건 하나만 팔아도 네가 지금 갖고 있는 돈보다 훨씬 더 많이 벌 수 있거든!"

우진이는 피식 웃더니 은근한 목소리로 성호를 불렀다.

"성호야!"

"왜!"

"이리 와 봐."

성호는 의심스럽다는 표정을 지으면서 엉거주춤 우진이에게 다가갔다. 우진이는 성호의 귀에 대고 낮은 목소리로 속삭였다.

"일단 하나라도 팔고 말해라. 엉?"

성호는 짜증을 내며 손가락으로 귓구멍을 몇 번 후벼 파더니 우진이를 노려봤다.

"두고 봐! 내가 너보다 많이 파나, 못 파나."

"그래. 두고 봐. 두고 보자 그러면 누가 겁낼 줄 아냐?"

"쳇."

성호는 성질을 내며 등을 돌려 버렸다. 하지만 성호는 결국 우진이보다 물건을 많이 팔지 못했다. 달랑 티셔츠 한 장을 판 것이 전부였다. 그것도 아이들이 산 것이 아니라 다른 반 선생님이 사 준 거였다.

"오늘 알뜰 시장에서 최고로 인기를 끈 사람이 우리 반에 있던데?"

알뜰 시장이 마무리된 뒤, 선생님은 아이들을 둘러보며 말했다. 아이들의 시선이 우진이에게 쏠렸다. 선생님은 우진이를 보고 활짝 웃으며 이야기했다.

"우진이가 물건을 아주 재미있게 팔던데. 그게 물건을 많이 판 비결이니?"

우진이는 쑥스러운 표정으로 머리를 긁적이며 말했다.

"그보다는……, 물건 가격이 높으면 사려는 사람이 줄어들기 마련이라서 비싸지 않은 가격에 팔았습니다. 또 대부분의 아이들에게 필요한 실용적인 물건들을 팔았고요."

"그래. 잘했다. 비싸고 호화로운 물건은 알뜰 시장에 맞지 않지."

선생님의 말에 아이들은 성호를 흘끔거렸다. 우진이는 아예 대놓고 고개를 돌려 성호를 쳐다보았다.

성호는 벌게진 얼굴로 우진이를 향해 입을 벙긋거렸다.

'두고 보자!'

그러나 우진이는 씩 웃으며 의기양양한 표정으로 고개를 돌렸다.

"알뜰 시장에 맞게 실용적인 물건을 적절한 가격에 팔고, 손님도 적극적으로 끌어 모은 우진이에게 박수!"

선생님의 말에 아이들은 우진이를 쳐다보며 박수를 보냈다. 그러나 단 한 사람. 성호만은 박수를 치지 않았다.

우진이는 하늘을 나는 듯한 기분으로 교문을 나섰다.

"오~~~ 정우진. 춤추는 거 볼만하던데. 오늘 짭짤하게 벌었냐?"

"응. 불우이웃돕기 성금까지 내고도 꽤 남았어."

우진이는 주위를 살피더니 준서에게 바싹 다가가 말했다.

"솔직히 게임 하다 엄마한테 걸려서 다음 주부터 용돈을 절반만 받기로 했거든. 다행이지 뭐."

"잘됐다. 그럼 이제 용돈 걱정은 안 해도 되겠네."

우진이는 싱글벙글 웃으며 준서와 이야기를 나누었다. 그런데 누군가 어깨로 우진이를 세게 밀치며 앞으로 나갔다. 성호였다.

"아야. 박성호! 왜 밀치는 거야?"

"길이 좁은 걸 어쩌라는 거야?"

성호는 볼멘소리를 하더니, 우진이를 앞질러 가 버렸다.

"왜 저러냐? 지금 일부러 그런 거 맞지."

"어."

"저 녀석! 왜 가만있는 사람한테 시비야?"

"딱 보면 모르냐? 오늘 돈 많이 벌어서 선생님한테 칭찬도 받고 반 애들한테 좀 뻐기고 싶었는데 뜻대로 안 돼서 성질이 난 거지."

준서의 말에 우진이는 고개를 끄덕였다.

"어유. 저 잘난 척 대왕."

우진이는 저만치 앞서 가는 성호의 뒷모습을 보며 한마디 툭 내뱉었다. 어느덧 갈림길에 다다른 두 아이는 인사를 나누었다.

"내일 보자 우진아."

"그래. 잘 가."

우진이는 골목으로 들어섰다. 골목 끝에서 시원한 바람이 한 줄기 휘잉 불어왔다. 바람에 머리카락이 휘날리자 우진이는 문득 책 생각이 떠올랐다.

'그래. 내가 그 책을 여기서 주웠지?'

우진이는 가만히 멈춰서서 생각에 잠겼다.

'그 책의 정체가 뭔지는 모르겠지만 도움을 받은 건 확실해.

책이 알려 준 방법대로 해서 물건을 전부 팔 수 있었으니까.'

우진이는 다시 발걸음을 옮겼다. 그러다 몇 발자국 가지 않아 멈춰섰다.

'근데 이상한 게 한두 가지가 아니란 말이야. 왜 밑도 끝도 없이 고민을 들어 준다는 거지? 게다가 골목길에서부터 날 따라왔고, 나더러 자기가 찾던 아이라고 했잖아? 그건 또 무슨 소릴까? 아, 미치겠네.'

우진이는 두 손으로 머리를 헝클어뜨렸다. 그러다 집을 향해 부리나케 달리기 시작했다.

"혼자 끙끙댈 게 아니라 한 번 물어보자. 속 시원하게!"

같이 학교에 가자고?

"고, 고, 고민 아니, 고, 고마웠어."

우진이는 책을 펼치고 속삭였다. 그러자 책의 두 귀가 펼쳐지고, 자음과 모음이 꼬물꼬물 움직이기 시작했다. 이제는 그 모습도 제법 익숙하게 느껴졌다.

뭐가?

우진이는 책에 만들어진 글을 읽더니 다시 말을 이었다.

"네가 알려 준 방법대로 해서 물건을 금방 팔았거든. 돈도 꽤 벌었고. 그래서 고맙다고."

그래? 다행이네.

우진이는 한참을 쭈뼛거렸다. 그러다 조심스레 입을 열었다.
"근데 고민은 아니고, 궁금한 게 있는데…… 물어봐도 돼?"

응.

글을 확인하는 순간 우진이는 궁금했던 얘기를 속사포처럼 쏟아냈다.
"아무리 생각해도 좀 이상해. 넌 어제 골목에서 날 따라왔다고 했잖아. 그리고 나더러 네가 찾던 아이라고 했고. 그게 무슨 말이야? 그리고 넌 대체 무슨 책이기에 고민을 들어 주는 거지? 너 같은 책은 내 평생 처음이라고!"

네가 날 만나기 전에 무슨 말을 했는지 기억해 봐. 그럼 알 수 있을 걸.

우진이는 눈을 감고 지나간 일을 떠올리려 애썼다. 하지만 아무리 머리를 쥐어짜도 생각나지 않았다.

"도저히 모르겠어. 그냥 알려 주면 안 돼?"

우진이는 포기한 듯 고개를 흔들며 말했다.

아직은 때가 아니야. 때가 되면 알려 줄게. 그때는 네가 내 얘기를 더 잘 이해할 수 있을 테니까.

우진이는 실망한 표정으로 가만히 있었다. 그러다 책을 들여다보며 다시 말을 건넸다.

"저, 앞으로도 고민이 생기면 너한테 물어봐도 되는 거지?"

그럼. 언제든 문제가 생기면 나에게 얘기해.

"그래. 고마워."

마음 같아서는 궁금증이 풀릴 때까지 모두 캐묻고 싶었다. 하지만 어쩐지 순순히 말해 줄 것 같지 않았다. 그리고 지금처럼 고민을 척척 해결해 준다면 그까짓 궁금증 몇 개는 풀리지 않아도 상관없다는 생각이 들었다.

우진이는 손을 뻗어 책을 덮었다. 그런데 갑자기 자신을 밀치고 앞서가던 성호가 머릿속에 떠올랐다. 우진이는 다시 책을 펼치고 속닥거렸다.

"저기 말이야. 나 갑자기 고민이 생각났어!"

뭔데?

"우리 반에 박성호라는 애가 있거든. 근데 걔가 요즘 걸핏하면 시비를 건단 말이야."

박성호? 그 애 때문에 고민이라는 거야?

책에는 눈 깜짝할 사이에 새로운 글이 적혀 있었다. 우진이는 성호라는 글자를 보자마자 열을 올리며 이야기했다.

"응. 성호 별명이 잘난 척 대왕인데 온갖 잘난 척이란 잘난 척은 혼자 다 하거든. 어찌나 꼴 보기 싫은지 몰라. 근데 같은 반이니까 보지 않을 수도 없고. 정말 걔랑 싸울 뻔한 게 한두 번이 아니라니까. 아, 성호 이 자식! 얘기만 꺼내도 벌써 울화통이 터지네. 이렇게 말로 들을 게 아니라 네가 한 번 그 애를 만나 봐야 하는데. 그럼 걔가 얼마나 못됐는지 금세 알게 될 걸."

숨도 한 번 쉬지 않고 말을 늘어놓던 우진이는 갑자기 눈을 빛내며 책을 쳐다봤다. 그러더니 덥석 책을 집어 들었다.

"저, 이런 말을 하면 좀 그렇지만……. 너, 나랑 같이 학교에 가 보지 않을래?"

뭐야? 너랑 같이 학교에 가자고?

"고민을 들어 주려면 성호가 어떤 애인지 너도 알아야 할 것 아냐. 아, 안 될까?"

좋아!

책은 순순히 허락했다. 우진이는 책에 쓰인 글을 보고는 몇 번이나 책에 대고 고맙다고 말했다.

우진이는 책을 가져가기에 적당한 날을 잡으려고 시간표를 살폈다. 교실을 비워야 하는 체육과, 과학실에서 수업을 받는 과학이 든 날, 그리고 미술이 든 날은 제외했다. 우진이네 반 선생님은 날씨가 좋으면 미술 시간에도 종종 야외 수업을 했기 때문이다.

이윽고 며칠 뒤, 우진이는 떨리는 손으로 책을 꺼내 들었다.

'후. 아직 집을 나서지도 않았는데 가슴이 벌렁벌렁하네. 오늘 하루는 정신을 바짝 차리자. 정우진!'

우진이는 가방을 열고 책을 조심히 집어넣었다. 그러고는 집을 나섰다. 너무나도 익숙한 등굣길이지만 우진이에게 오늘 같은 기분은 처음이었다. 가슴이 콩닥콩닥 뛰면서도 한편으로는 걱정이 앞섰다. 아이들에게 절대로 책을 들켜서는 안 되기 때문이다.

우진이는 학교에 도착할 때까지 가방 속을 몇 번이나 확인하고 또 확인했다.

'좋았어. 학교까지 무사히 왔으니 1단계는 성공이야!'

교실로 들어간 우진이는 아이들의 눈치를 살피며 조심스럽게 자리에 앉았다.

'이제 다음 단계가 남았군.'

우진이는 눈을 쉴 새 없이 굴리며 주위를 두리번거렸다. 아무도 우진이 쪽을 쳐다보지 않았다. 우진이는 안심하고 서랍 속에 책을 재빨리 밀어 넣었다. 그런데 순간 어디선가 찌릿한 느낌을 받았다. 우진이는 이상한 낌새를 느낀 곳으로 고개를 돌렸다. 그러자 성호와 눈이 딱 마주쳤다.

'침착하자, 정우진. 괜히 안절부절못하는 모습을 보이면 안 돼.'

알뜰 시장 사건 이후로 우진이는 성호가 자신에게 신경전을 펼치고 있는 것을 느꼈다. 준서 말대로 성호는 자존심이 상한 게 분명했다.

'이 책을 아이들에게 들키지 않도록 더욱 조심해야겠어. 특히 저 녀석에게 들키면 끝장이야.'

우진이는 손으로 땀을 훔치는 척하더니 큰 소리로 이야기했다.

"아, 늦을까 봐 뛰어왔더니 더워 죽겠네."

다행히 성호는 다른 쪽으로 고개를 돌려 버렸다.

'후. 다행이다.'

우진이는 마치 중요한 임무를 수행하는 비밀요원처럼 긴장을 놓치지 않으려 애썼다. 하지만 조금 뒤에 절로 긴장할 수밖에 없는 일이 벌어졌다. 교실에 들어온 선생님의 얼굴이 평소와는 다르게 굳어 있었던 것이다. 우진이는 본능적으로 뭔가 심각한 일이 벌어질 것 같다는 느낌을 받았다. 그건 다른 아이들도 마찬가지였다. 선생님의 얼굴을 본 아이들은 입을 꾹 다문 채 서로 눈치만 살폈다.

"얼마 전에 본 시험 성적이 나왔다. 그런데 선생님은 너희에게 크게 실망했어."

선생님은 조용한 분위기를 깨고 나지막한 목소리로 말했다.

"특히 사회 점수가 형편없는 친구들이 많더구나. 백 점을 맞은 건 성호 단 한 명이었어. 물론 너희 모두가 백 점을 맞으라는 소리는 아니야. 하지만 어느 정도는 해야 하지 않겠니? 사회 수업만 열심히 들어도 충분히 맞힐 수 있는 문제들이었는데, 수업 시간에 선생님 말을 전혀 듣지 않았다는 거잖아."

아이들은 고개를 푹 숙이고 가만히 있었다. 선생님은 아이들을 쳐다보며 말을 이었다.

"아무래도 이대로는 안 되겠어. 어떻게 했으면 좋겠니?"

아이들은 한마디도 하지 못하고 서로 눈치만 볼 뿐이었다. 풀이 죽은 건 우진이도 마찬가지였다. 사회 수업을 싫어하는 걸로는 둘째가라면 서러워할 우진이 아니었던가. 선생님이 말한 사회 성적이 형편없는 아이들 가운데는 분명 자신도 포함되어 있을 게 뻔했다. 우진이는 선생님의 눈길을 피해 책상만 내려다보았다.

"선생님!"

성호 목소리였다.

"그래. 말해 봐."

"점수를 높이기 위해 누구나 열심히 공부할 수밖에 없는 방법을 쓰면 어떨까요?"

"그게 어떤 방법이지?"

"음. 벌칙을 쓰는 거예요."

"벌칙?"

벌칙이라는 말에 선생님은 고개를 갸웃했다. 성호는 우진이를 한 번 쳐다보고는 계속 말을 이었다.

"네. 우리 반에서 사회 점수가 나쁜 사람에게 줄 가벼운 벌칙을 정하는 거예요. 점수가 나쁘면 누구나 그 벌칙에 따라야 하는 거고요."

선생님은 아무 말을 하지 않았다. 성호는 선생님의 반응을 살피며 목소리를 높여 이야기했다.

"벌칙이라고 해서 나쁘게 생각할 필요는 없어요. 왜 친구들끼리 게임 할 때도 가벼운 벌칙 같은 걸 정해 놓고 하잖아요?"

아이들은 선생님과 성호를 번갈아 쳐다봤다. 가만히 생각하던 선생님은 성호에게 물었다.

"가벼운 벌칙이라면……. 어떤 거지?"

"반 청소요."

"반 청소?"

성호는 고개를 끄덕이며 말했다.

"네. 사회 점수가 나쁜 친구들이 남아서 반 청소를 하는 거예요. 청소도 일종의 봉사니까 그렇게 나쁜 벌칙도 아니고, 청소를 하기 싫으면 공부를 열심히 하면 되니까 괜찮은 방법일 것 같아요. 사회 점수를 백 점 맞은 제 생각으로는 그래요."

성호는 '백 점'이라는 글자에 유난히 힘을 주어 말했다. 선생님은 한참 동안 고민하더니 아이들을 보며 말했다.

"그래. 당분간 성호가 말한 대로 해 보자. 그동안 선생님이 수업 시간에 딴짓하지 말라고 타이르고, 숙제를 내 줘도 소용없었잖니. 이번 시험부터 성적이 좋지 않은 친구들이 남아서 반 청소를 하는 걸로 하겠어."

반 아이들의 얼굴은 순식간에 어두워졌다. 우진이는 말없이 성호를 노려보았다. 우진이가 유난히 사회 공부를 싫어하고, 사회 수업 시간에 자주 조는 것은 반 아이라면 누구나 알고 있는 사실이었다.

'저 녀석이!'

우진이는 속으로 분했지만 당장 어쩔 도리가 없었다. 선생님에게 뭐라고 말하고 싶었지만 어떤 말을 해야 할지 생각나지 않았다. 성호를 흘겨보던 우진이는 두 주먹을 불끈 쥐며 속으로 다짐했다.

'두고 보자. 박성호.'

위험에 빠지다

　점심시간이 되자, 우진이는 조심스럽게 책을 옷 속에 감추고 아이들의 발길이 뜸한 곳으로 향했다. 몇 번이나 주위를 두리번거리던 우진이는 아무도 없는 것을 확인하고는 책을 펼쳐 들었다. 아직도 분한 마음이 풀리지 않아서인지 책을 잡고 있는 두 손이 부들부들 떨렸다. 우진이는 책에 얼굴을 가까이 대고 속닥거렸다.
　"여긴 우리 둘밖에 없으니 안심해도 될 것 같아. 그나저나 너도 분명히 들었지?"

우진이의 말에 책에 있던 글자가 꿈틀대기 시작했다. 그러더니 글이 만들어졌다.

그래. 나도 성호라는 아이와 선생님이 나누는 얘기를 다 들었어.

우진이는 다시 책을 들여다보며 이야기했다.
"이제 너도 성호가 얼마나 나쁜 자식인지 똑똑히 알았지? 세상에 시험 점수가 나쁜 애들만 남아서 청소를 하자니. 어떻게 그런 말을 아무렇지도 않게 선생님께 할 수 있어! 자긴 백점 맞았으니 남들은 어떻게 되든 상관없다 그거야?"

화가 단단히 났구나. 진정 좀 해.

"후. 나도 진정하고 싶은데 아직까지 화가 안 풀려. 아니 일이 해결될 때까지는 화가 계속 안 풀릴 것 같아. 이럴 땐 어떻게 해야 좋을까. 뭐 좋은 방법 없어?"
우진이의 말이 끝나자 글자가 다시 꿈틀거리기 시작했다. 우진이는 눈을 크게 뜨고 책장을 들여다봤다. 하지만 책에 집중한 나머지 누가 고양이처럼 살금살금 다가오는 것도 까맣게 몰랐다.

"야, 정우진. 여기서 뭘 하나?"

우진이가 정신을 차렸을 땐 이미 한 발 늦은 상태였다. 책은 벌써 성호의 손에 넘어가 있었다. 우진이는 깜짝 놀라 성호에게 달려들었다.

"박성호! 뭐하는 거야."

성호는 책을 들고 한 발자국 뒤로 물러서며 말했다.

"조금 전부터 쭉 지켜봤는데 아주 이상해서 말이야."

우진이는 쭉 지켜봤다는 말에 얼굴이 새파래졌다. 우진이는 씩씩거리며 성호를 노려봤다.

"뭐? 아까부터 지켜봐? 너, 솔직히 말해. 언제부터 내 뒤를 밟았나?"

"내가 왜 네 뒤를 밟아?"

"박성호. 누가 모를 것 같아? 너, 알뜰 시장에서 잘난 척 뽐내고 싶었는데 그게 잘 안 돼서 나한테 계속 시비 거는 거 아니야?"

우진이는 성호를 아래위로 훑어보며 한심하다는 듯이 말했다.

"뭐, 뭐라고?"

화가 난 성호의 목소리가 떨렸다.

"왜. 맞는 말만 했더니 찔리는구나?"

성호는 씩씩대더니 우진이의 눈을 똑바로 쳐다보며 이야기했다.

"정우진. 너야말로 남아서 청소하는 게 싫으니까 나한테 짜증 부리는 거 아니냐? 너, 혹시 사회 시험 빵점 받았냐?"

"이게 말이면 다인 줄 알아?"

우진이는 성난 호랑이처럼 성호에게 달려들었다. 성호는 잽싸게 우진이를 피해 물러서며 소리쳤다.

"난 뒤를 밟은 게 아니라 그냥 우연히 봤을 뿐이야. 근데 그 광경이 하도 이상해서 지나갈 수가 있어야지."

우진이는 책에 대한 얘기가 나오자 멈칫했다. 우진이가 주춤거리는 모습을 본 성호는 더욱 목소리를 높였다.

"솔직히 너 같은 애가 책을 보는 건 누가 봐도 이상하잖아? 게다가 책에다 얼굴을 파묻고 중얼거리는 건 또 뭔데?"

"야, 그건……."

우진이는 당황한 나머지 말을 잇지 못했다. 그러자 성호는 책

을 손에 쥐고는 흔들며 말했다.

"대체 무슨 책이기에 그러는 거냐? 나도 좀 보자."

"야! 이리 내놔. 당장 내놓지 못해?"

우진이는 몸을 날리다시피 성호에게 덤벼들었다. 책을 되찾으려는 우진이와 뺏기지 않으려는 성호 사이에 몸싸움이 벌어졌다. 우진이는 악착같이 성호의 팔을 붙들고 늘어졌다. 하지만 둘의 싸움은 오래가지 못했다. 수업 시간을 알리는 종이 울렸기 때문이다. 종소리가 울리는 순간 성호는 우진이를 밀치고 교실을 향해 달음박질치며 말했다.

"정우진, 책 잘 볼게."

"박성호! 너 거기 안 서?"

우진이는 죽을힘을 다해 성호를 쫓아갔다. 복도에 있던 몇몇 아이의 눈이 둘에게 쏠렸다. 성호는 우진이에게 잡힐 것 같으면서도 번번이 우진이의 손을 아슬아슬하게 피해 갔다. 우진이의 속은 점점 타들어 갔다.

"도저히 안 되겠다. 이얍!"

다급한 마음에 우진이는 마지막으로 온 힘을 다해 공중으로 붕 날아올랐다. 그리고 성호의 등 뒤를 확 덮쳤다. 하지만 거기까지였다. 복도에 넘어진 두 아이의 뒤에서 익숙한 목소리가 들려왔다.

"박성호, 정우진! 뭐 하는 거야."

두 아이는 얼결에 무릎을 문지르며 벌떡 일어났다. 선생님은 아이들을 여기저기 살피며 물었다.

"너희 둘! 그러다 다치기라도 하면 어쩌려고 그래. 둘 다 괜찮은 거야?"

선생님의 말하는 사이에도 우진이는 성호의 손목을 꽉 붙들고 있었다. 성호는 우진이의 손을 확 뿌리치더니 선생님을 향해 불쌍한 표정을 지어 보였다. 우진이는 책에서 눈을 떼지 못한 채 안절부절못했다. 성호는 그런 우진이를 한 번 쏘아보더니 갑자기 선생님에게 바싹 다가갔다.

"선생님. 할 말이 있어요."

"뭔데?"

성호는 책을 선생님께 내밀며 말했다.

"저번에 해찬이가 수업시간에 만화책을 보다 걸린 이후로 선생님이 학교에 만화책을 가져오지 말라고 하셨잖아요?"

선생님은 말없이 고개를 끄덕였다. 성호는 가만히 있는 선생님의 손에 책을 덥석 쥐어 주며 말했다.

"아까 우진이가 몰래 책을 보며 중얼거리는 걸 봤어요. 꽤 재미있는 만화책인가 봐요."

우진이는 성호를 밀치고 고개를 세차게 흔들며 말했다.

"아니에요, 선생님. 그거 만화책이 아니에요. 저 자식, 아니 성호가 괜히 말도 안 되는 트집을 잡는 거라고요. 멀쩡한 제 책을 가져가 놓고 지금 엉뚱한 소리를 하고 있어요."

"아니에요. 분명히 만화책이 맞아요."

성호는 지지 않고 이야기했다. 선생님은 난처한 표정으로 두 아이를 번갈아 보더니 이야기했다.

"일단은 수업시간 종이 울린 지 한참 지났으니 교실로 들어가자. 이 책은 선생님이 잠깐만 가지고 있으마."

선생님은 성호와 우진이를 보며 이야기했다. 선생님의 얘기에 성호는 의기양양한 웃음을 지으며 우진이를 쳐다봤다. 우진이는 그 자리에 얼어붙어 꼼짝도 하지 못했다. 하지만 우진이의 마음을 알 리 없는 선생님은 겨드랑이에 책을 꼭 끼고 교실로 들어갔다.

책, 정체가 드러나다

"하여간 박성호. 그 잘난척 대왕 때문에 되는 일이 없어."

"누가 아니래?"

"정말 너무하지 않냐?"

학교에 남아 청소를 마친 아이들은 둥그렇게 모여 앉아 불만을 털어놓았다. 그중에는 사회라면 끔찍이 싫어하는 우진이도 끼어 있었다.

"그냥 이대로 넘어갈 거야?"

"선생님한테 무슨 말이라도 해야 하지 않겠어?"

아이들은 저마다 한마디씩 했다. 그때였다. 해찬이가 교실로 들어오더니, 아이들에게 손짓을 하며 말했다.

"야, 선생님이 청소 다 했으면 얼른 집에 가래. 그리고 우진이 너는 잠깐 보자고 하시는데?"

"알았어."

우진이는 힘없이 가방을 둘러메고는 교실을 나섰다. 준서는 걱정스러운 표정으로 우진이에게 말했다.

"선생님이 왜 너만 따로 부르시지?"

"휴. 그럴 일이 있다. 오늘은 너 먼저 가라, 준서야."

우진이는 아이들을 뒤로 하고 무거운 걸음을 옮겼다.

"우진아, 이 책 말이야……."

선생님은 두 손을 모으고 땅만 쳐다보고 있는 우진이를 보며 이야기했다. 우진이는 고개를 숙인 채 안절부절못했다.

'그동안 무슨 일이 있었던 건 아닐까? 선생님이 이상한 책이라는 걸 눈치챘으면 어쩌지?'

우진이의 가슴은 요란하게 방망이질 쳤다. 잠시 머뭇거리던 선생님은 헛기침을 몇 번 하더니 책을 집어 들며 말했다.

"이 책에 쓰여 있는 글자 말이야. 이 글자들……."

선생님은 말끝을 흐리며 책을 흔들어 보였다.

"이게 좀 이상한 게……."

우진이는 숨을 멈추고 선생님을 쳐다봤다. 선생님은 우진이를 보며 심각한 목소리로 물었다.

"이거 혹시……."

"네? 호, 혹시 뭐요?"

"무슨 수수께끼 책이냐? 아니면 책이 아니라 그냥 낙서해 놓은 거냐?"

"예?"

"아니, 이런 책을 왜 보는지 알 수가 있어야 말이지."

선생님은 우진이에게 책을 내밀며 말했다.

"아무튼 만화책이 아닌 건 분명해졌으니 가져가렴."

"네."

우진이는 얼른 책을 받아들고는 교무실을 나왔다.

"휴. 다행이다."

밖으로 나온 우진이는 무슨 말을 하려다 말고 책을 다시 가방에 집어넣었다.

'집에 가서 얘기하자. 아무래도 밖은 위험해.'

우진이는 백 미터 달리기를 하듯 전속력으로 집을 향해 뛰었다. 방문을 꼭 닫은 우진이는 숨을 고를 새도 없이 헉헉거리며 책장을 펼쳤다.

"미안해. 많이 놀랐지. 별일 없었어?"

우진이의 말에도 책은 아무런 반응이 없었다. 우진이는 화들짝 놀라 책에 대고 조금 더 큰 소리로 이야기했다.

"왜 그래. 무슨 일 있었어? 너 괜찮은 거지?"

그 순간 글씨가 스멀스멀 움직이더니 글이 만들어졌다.

무슨 일? 무슨 일 많았지~~. 그리고 하나도 안 괜찮거든.

"뭐? 무슨 일이 있었는데?"

책의 글을 보고 우진이는 깜짝 놀라 눈이 튀어나올 것만 같았다. 책에는 금방 새로운 글이 써졌다.

놀라긴. 뭐 별일은 없었으니 걱정하지 마. 조금 당황스럽긴 했지만 이런 일이 처음은 아니니까.

"휴. 다행이다. 난 또 깜짝 놀랐네."

우진이는 숨을 몇 번 고르고는 이야기했다.

"아무튼 이게 다 성호 때문에 벌어진 일이야. 걔가 선생님한테 그런 소리만 하지 않았어도 이런 일은 없었을 텐데. 시험을 잘 보지 못한 잘못도 있긴 하지만 그래도 점수가 나쁜 애들만 남아서 청소하라는 건 너무하지 않아?"

우진이는 한숨을 푹 내쉬며 말했다.

좀 그렇긴 하지.

"좀이 아니라 많이 그렇지. 솔직히 다른 애들 보기에 창피하잖아. 성적이 나쁜 사람은 뭐 자존심도 없나?"

그럼 앞으로 어쩔 셈인데?

"마음 같아선 그따위 벌칙은 쓰지 말자고 하고 싶지만 어떻게 해야 할지 모르겠어. 무턱대고 떼를 쓴다고 될 일도 아니고. 선생님이 내 말에 신경이나 써 주실까? 어쩌면 무조건 청소하기 싫어서 대드는 거라고 생각하실 수도 있잖아."

그래?

"저, 그래서 말인데 저번처럼 나를 한 번만 더 도와주면 안 될까?"

좋아. 내가 한 번 더 도와주지.

우진이는 책에 쓰인 글을 보자 잔뜩 흥분한 목소리로 말했다.
"오, 정말이지? 뭐 좋은 방법이라도 있어?"

너, 사회 시간에 다수결의 원칙을 배운 적 있지?

"뭐? 무슨 원칙? 아, 사회라는 말을 듣기만 해도 머리카락이 한 움큼은 빠질 것 같아. 그게 뭔데?"

다수결의 원칙이란 문제를 해결하거나 규칙을 정할 때,

다양한 의견 중에서 여러 사람이 찬성하는 의견에 따르는 걸 말해.

우진이는 고개를 갸우뚱거렸다.

오늘 성호가 정한 벌칙. 거기에 넌 찬성해? 준서도 그렇고 해찬이도 그렇고. 다른 애들도 다 찬성했어?

"아니. 따지고 보면 아예 찬성이냐 반대냐를 묻지도 않았잖아. 어!"
우진이는 뭔가 떠올랐다는 듯 책을 들여다봤다. 그러고는 고개를 파묻은 채 한참 동안 긴 이야기를 나누었다.

이튿날, 우진이는 학교에 가기 전 책장을 펼치고 속삭였다.
"내가 잘할 수 있을까?"

그럼. 걱정 말고 잘 다녀와.

우진이는 책을 덮어 서랍 속에 넣어 두고는 학교로 향했다. 그런데 교실로 막 들어가려는 순간 성호의 목소리가 귓가에 꽂혔다.

"이야. 역시 어제 청소를 해 놓아서 그런지 번쩍번쩍하구만. 수고했다, 정우진."

우진이는 눈썹을 한 번 꿈틀거리고는 성호의 말을 무시한 채 자리에 가서 앉았다. 교실 안은 왁자지껄했던 평소와 달리 분위기가 가라앉아 있었다. 수업을 시작한 선생님도 아이들의 표정이 좋지 않다는 걸 느꼈다.

"너희, 왜 그러니? 무슨 일이 있어?"

어제 남아서 반 청소를 한 아이들은 눈빛을 주고받았다. 하지만 아무도 쉽사리 말을 꺼내지 못했다.

'어쩌지? 지금 얘기 할까?'

우진이는 속으로 고민에 빠졌다. 아무 반응이 없자 선생님은 다시 수업을 시작했다.

'그래. 이대로 넘어갈 순 없어!'

우진이는 번쩍 손을 들었다.

"선생님!"

선생님과 아이들의 시선이 우진이에게 쏠렸다. 우진이는 엉거주춤 일어났다.

"선생님. 드릴 말씀이 있어요."

"뭐지?"

"어제 정한 벌칙 말이에요."

"벌칙?"

"네. 사회 성적이 나쁘면 남아서 반 청소하기로 한 거요."

"어. 그게 왜?"

선생님과 아이들의 뜨거운 눈길에 우진이는 다리가 후들후들 떨리기 시작했다. 우진이는 목소리를 가다듬고 이야기를 이어 나갔다.

"그 벌칙을 좀 바꾸었으면 해서요."

"왜?"

"그러니까 그게……."

조금 머뭇거리던 우진이는 침을 한 번 삼키고는 천천히 이야기했다.

"그다지 좋은 방법이 아닌 것 같아서요. 성적이 나쁜 사람한테 청소를 시키면 오히려 공부할 시간을 빼앗는 거잖아요. 또,

점수가 낮은 게 다른 애들한테 다 알려지게 되니까 자존심도 상하고요. 무엇보다……."

우진이의 말에 아이들은 웅성거리기 시작했다. 우진이는 성호를 한 번 흘끔 보고는 말을 이었다.

"어제 정한 벌칙은 그냥 성호 생각만 듣고 결정한 거잖아요. 반 전체가 따르는 규칙이니만큼 다른 아이들의 의견도 듣고 결

정해야 할 것 같아요. 수다, 아니 어……. 다수, 다수결의 원칙에 따라서 말이에요."

선생님은 우진이의 말에 놀랐는지 아무 말도 하지 않았다. 웅성대던 반 아이들은 하나둘 목소리를 높이기 시작했다.

"우진이 말이 맞아요!"

"선생님, 우리 벌칙을 다시 정해요."

선생님은 아이들을 둘러보며 말했다.

"조용. 조용."

선생님은 잠시 생각하더니 입을 열었다.

"그래, 알았어. 너희 뜻이 그렇다면 그 문제는 다시 생각해 보도록 하자."

우진이는 선생님의 말에 가슴을 쓸어내렸다. 혹시라도 선생님에게 된통 혼만 나거나 앞으로 혼자서 교실 청소를 도맡으라는 무시무시한 말을 들을까 봐 걱정했기 때문이다. 하지만 결과는 대성공이었다. 우진이는 기분 좋게 자리에 앉았다. 아이들은 우진이에게 눈짓을 보내며 엄지손가락을 치켜세워 보였다. 우진이의 양쪽 어깨가 절로 으쓱했다.

"우진아, 너 어제 저녁에 뭐 먹었냐?"

집에 가는 길에 준서가 우진이를 보며 말했다.

"그건 왜?"

"아, 글쎄 빨리 말해 봐."

"그냥 엄마가 차려준 밥이랑 김치랑……."

"정말 그게 다냐?"

"아, 왜 그러는데?"

"것 참. 잘못 먹은 것도 없는데 희한하네. 너, 어떻게 선생님 앞에서 그런 말을 술술 할 수 있냐?"

"짜식. 난 또 뭐라고."

우진이는 준서와 한바탕 웃어 재꼈다. 우진이는 기쁜 마음으로 집에 돌아왔다. 가방을 벗어던지고 서랍 속에서 책을 꺼낸 우진이는 활짝 웃으며 말했다.

"고마워. 네 덕분에 문제가 잘 해결됐어. 너 같이 고민을 들어주는 책이 있어서 정말 다행이야."

우진이의 말이 끝나자 책 표지가 팔랑이며 바람이 일었다. 그리고 글자들이 스멀스멀 움직이더니 글이 만들어졌다. 하지만 우진이는 그 글을 본 순간 화들짝 놀라고 말았다. 갑자기 뒤통수를 세게 얻어맞은 느낌이었다.

난 그냥 고민을 들어주는 책이 아니야. 너처럼 사회를 싫어하는 아이들의 생각을 바꿔 주려는 책이지.

"뭐, 뭐라고?"

넌 내가 찾던 아이라고 말했던 것 기억나? 우리가 처음 만난 골목길에서 넌 대체 사회 과목은 왜 있어 가지고 열 받게 하냐고 소리쳤잖아. 난 그 소리를 듣고 널 따라간 거였어. 사회를 싫어하는 아이를 찾고 있었거든.

"그럼 왜 처음부터 사실대로 말하지 않았지? 그리고 고민을 털어놓으라는 말은 도대체 왜 한 건데?"

사회를 싫어하는 너한테 처음부터 사실을 얘기했으면 어땠겠어. 넌 아마 내 말은 듣지도 않고 다시 골목길에 갖다놨을걸. 그리고 고민을 털어놓으라고 한 건 사회에 대한 네 편견을 바꾸기 위해서였어. 넌 사회가 너랑 아무 상관도 없고 쓸모도 없다고 했잖아?

"하지만 그건 사실이잖아. 사회를 배워 봤자 뭐해. 덧셈 뺄셈은 간식 사 먹고 잔돈 계산할 때 써먹기라도 하지. 사회는 그게 아니잖아?"

정말 그럴까? 난 네 고민을 해결할 때 사회 과목에 나오는 내용 중 일부를 알려 줬어. 가격이나 다수결의 원칙 같은 것들 말이지. 그리고 넌 그걸 이용해 문제를 해결했다고. 그래도 사회가 아무 쓸모없는 과목일까?

책의 질문에 우진이는 잠시 생각하더니 고개를 저으며 말했다.
"아니. 그건 아닌 것 같아. 알뜰 시장에서 돈을 벌 때도, 벌칙을 바꿀 때에도 분명히 도움을 받았으니까."

그것 봐. 사회는 쓸모없는 과목이 아니야. 오히려 열심히 공부해야 할 과목이지. 세상을 살아가면서 문제를 해결하는 데 도움이 되는 지식이 담겨져 있으니까.

우진이는 책장을 덮고 생각했다.

'문제를 해결해 준다고? 그렇다면 사회 공부를 해 볼만 하겠네. 하지만 난 공부할 필요가 없어. 앞으로도 문제가 생길 때마다 이 책의 도움을 받으면 되니까. 히힛.'

우진이는 책을 서랍 깊숙한 곳에 넣으며 중얼거렸다.

"이 책의 비밀은 나 혼자만 알고 있을 거야. 평생!"

미처 생각지 못한 일

"아, 엄마 마려워."

"일단 눠."

"작은 게 아니라 큰 게 마렵단 말이야."

"뭐야? 그럼 안 되지. 예고 없이 단수가 되서 지금은 물이 나오지 않는데……. 아, 학교에 가서 싸라. 엄마가 얼른 태워다 줄게. 그때까진 참을 만하지?"

"알았어. 얼른 가자."

우진이는 학교 화장실에서 볼일을 해결하고는 교실로 향했다. 평소보다 훨씬 일찍 등교해서 아무도 없을 거라고 생각했는데 성호가 벌써 와 있었다. 우진이는 아는 척도 하지 않고 뚜벅뚜벅 자리로 걸어갔다. 성호가 말한 벌칙을 바꾼 이후로 우진이와 성호 사이에는 두꺼운 벽이 하나 더 생겼다. 특히 성호는 별다른 행동은 보이지 않았지만 우진이에게 시비를 걸 기회를 호시탐탐 노리는 듯했다.

우진이는 성호를 힐끔 보고는 자리에 가서 앉았다. 성호는 갑자기 고개를 돌려 우진이를 째려보더니 자리에서 일어나 교실 밖으로 나가 버렸다. 그런데 순간 성호가 책상에 올려 둔 가방이 "쿵" 소리를 내며 바닥에 떨어졌다. 멍하니 배를 문지르며 "아우 시원하다."고 말하던 우진이는 화들짝 놀라 소리가 난 쪽으로 쫓아가 보았다.

'뭐야. 성호, 이 자식 가방이 떨어진 거였잖아. 쳇.'

우진이가 바닥에 와르르 떨어진 물건들을 보며 인상을 쓰고 있던 그때였다.

"야, 정우진!"

고개를 들어 보니 성호와 준서가 문 앞에 서 있었다. 성호는 쏜살같이 달려오더니 교실 바닥에 쏟아진 물건을 주워들었다. 그중에는 최신형 휴대전화도 있었다. 하지만 책상에서 떨어지는 바람에 심하게 금이 가 있었다. 휴대전화를 주워든 성호는 우진이를 떠밀며 소리쳤다.

"네가 그랬지!"

"뭐, 뭐야?"

우진이는 어이가 없어 말까지 더듬었다.

"누가 모를 줄 알아? 내가 나간 다음에 네가 일부러 가방을 던진 거 아니야?"

"야!"

"그게 아니면 뭐야? 교실에 너밖에 없었잖아. 게다가 네가 '아우, 시원하다.'라고 말하는 걸 똑똑히 들었다고!"

우진이는 어이가 없다는 듯 코웃음을 한 번 치고는 말했다.

"웃기고 있네. 난 가만히 앉아 있는데 쿵 소리가 나서 쫓아온 것뿐이야. 그리고 시원하다고 말한 건 조금 전 화장실에서 볼일을 보고 와서 그랬던 거고. 누가 네 물건을 망가뜨려서 시원하다고 한 줄 알아?"

"내가 그 말을 어떻게 믿어?"

성호는 우진이의 코앞에 얼굴을 바짝 들이밀며 말했다. 준서는 기겁을 하고 쫓아오더니 둘 사이에 끼어들며 말했다.

"야, 박성호. 우진이 말이 맞아. 내가 다 봤어."

"뭐야?"

성호는 울상이 되어 준서를 쳐다봤다.

"내가 막 교실에 들어설 때 책상에 있던 네 가방이 쏟아지는 걸 봤다고. 우진이가 놀라서 뛰어오는 것도 봤고."

"내가 그 말을 어떻게 믿어? 준서 너 우진이랑 친하다고 괜히 편드는 거 아니야?"

성호는 준서에게 한마디를 한 다음 바닥에 떨어진 물건을 줍기 시작했다. 우진이는 성호의 팔을 홱 낚아채며 말했다.

"내가 왜 네 가방에 손을 대겠냐? 내가 너같이 유치한 줄 알아?"

"뭐라고?"

"똑바로 사과나 해. 네가 잘못해 놓고 왜 사과하지 않는 건데?"

성호는 아무 말도 하지 않은 채 입을 꾹 다물고 있었다. 그러다 마지못해 짜증스러운 목소리로 한마디 툭 내뱉었다.

"미안하다. 됐냐?"

우진이는 어이가 없었다. 마음 같아서는 주먹으로 한 대 치고 싶었지만 준서가 말리는 바람에 간신히 참았다.

"너, 오늘 운 좋은 줄 알아!"

우진이는 성호를 쏘아보며 자리에 와 앉았다.

"박성호, 이 왕재수!"

우진이는 집으로 돌아온 다음에도 화가 풀리지 않았다. 오늘 당한 일을 똑같이 되돌려주고 싶었지만 마땅한 방법이 생각나지 않았다.

"에잇. 스트레스 받아."

우진이는 컴퓨터를 켜고 한밤중이 될 때까지 게임을 했다. 그러다 문득 반 아이들이 만든 인터넷 카페가 생각났다.

"뭐 재미난 글이라도 올라와 있으려나?"

아이들이 쓴 글을 눈으로 죽 훑어보았다. 그러다 작성자 '박성호'로 올라온 글에 눈길이 멈췄다.

"이게 뭐야. 다 함께 필독?"

우진이는 성호가 쓴 글을 신경질적으로 읽어 내려갔다.

"우리 학교에서도 잔반 우수 학급에 상을 준대. 회장인 내 생각엔 우리 반이 그 상을 꼭 탔으면 좋겠어. 그러니 앞으로는 잔반을 남기지 말자. 너희 생각은 어때?"

우진이는 컴퓨터 화면을 쏘아봤다. 그러다 갑자기 무릎을 탁 치고는 책을 꺼내 들었다.

"저기. 이게 사회랑 관련이 있는지는 모르겠는데, 아무튼 궁금한 게 있어."

책에 있는 두 귀가 팔랑거리자 우진이는 다시 책에게 물었다.

"무조건 잔반을 남기지 말자고 하는 게 옳은 걸까?"

잔반은 환경오염 문제를 일으키니까 사회와도 관련 있지. 잔반을 남기지 않으면 음식물 쓰레기가 줄어들어 환경오염을 막을 수 있으니까 좋긴 해. 그렇지만 사람마다 입맛이 다르기 때문에 무조건 다 먹으라고 하는 건 옳지 않다는 의견도 있어. 근데 갑자기 그건 왜?

"어? 아니야, 아무것도."

우진이는 책장을 덮고는 재빠른 손놀림으로 댓글을 달았.

'우리가 회장인 네 생각에 꼭 따라야 하는 건 아니잖아. 솔직히 좋아하는 음식이 있고 싫어하는 음식이 있기 마련인데 무조

건 잔반을 남기지 말라고 하는 건 웃긴 거 아니냐? 하여간 박성호 저번에 벌칙도 그렇고 왜 자꾸 네 맘대로 우리한테 이래라 저래라 하는 건데?'

글을 쓴 우진이는 뿌듯한 마음으로 의자에 기댔다.

다시 신 나게 게임을 즐기던 우진이는 인터넷 카페에 들어가 보았다. 그러자 우진이가 쓴 글에 반 아이들의 수많은 댓글이 달려 있었다. 하나같이 우진이의 말에 맞장구를 치는 내용이었다.

'잘난 척 대장이라서 그렇지 뭐.'

'수요일 날 잔반 억지로 다 먹는 것도 힘들어 죽겠걸랑.'

'우진이 말이 맞아. 왜 저번부터 자꾸 이래라 저래라 하냐?'

우진이는 깔깔거리며 중얼거렸다.

"흥. 박성호 쌤통이다. 그러게 왜 내 기분을 상하게 해?"

우진이는 서랍에 있는 책을 펼쳐 손에 쥐고는 말했다.

"아, 박성호 코를 납작하게 해줬더니 이제야 좀 살 것 같다. 고마워. 이게 다 네 덕분이야."

그게 무슨 말이지?

우진이는 학교에서부터 조금 전까지 있었던 일을 신 나게 이야기했다. 그러자 책 표지가 심하게 펄렁거렸다. 마주앉은 우진의 머리카락이 휘날릴 정도로 세찬 바람이 불었다. 우진이는 활짝 웃으며 말했다.

"어때. 네가 듣기에도 고소하지? 푸하하. 속 시원하지 않냐?"

정우진! 난 성호를 약 올려 주라고 그런 이야기를 한 게 아니야. 난 여태까지 사회 공부에 대한 네 생각을 바꾸려고 열심히 노력했는데, 넌 그런 건 손톱만큼도 관심이 없었구나. 넌 그저 날 이용하려고만 했어. 난 더 이상 너와 아무 말도 하지 않을 거야!

우진이가 마지막 문장을 읽자마자, 책이 확 덮였다. 우진이는 당황하다 못해 정신이 아득해졌다.

그날 이후

"이게 어떻게 된 거지?"

정신을 차린 우진이는 주변을 둘러봤다. 다행히 모든 것이 제자리에 있었다. 책상 위에 있는 책도 그대로였다. 우진이는 얼른 책을 펼쳤다.

"갑자기 왜 그러는 거야."

우진이는 다급하게 말했다. 하지만 책에는 아무런 일도 일어나지 않았다. 책 표지가 팔랑이지도, 글자가 꿈틀꿈틀 움직이지도 않았다. 당황한 우진이는 다시 책에 입을 갖다 대고 이야기했다.

"그렇게 기분 나빴다면 사과할게. 어?"

하지만 아무리 기다려 봐도 책에는 아무런 변화가 없었다. 답답해진 우진이는 책을 힘껏 쥐고 흔들어 보기도 하고 몇 번을 덮었다 열었다 하며 말해 보았다. 그러나 몇 번이나 반복해도 아무 소용없었다.

"장난치지 말고 제발 무슨 말이든 해 봐. 어?"

몇 시간이나 책과 씨름을 하던 우진이는 참다못해 소리를 꽥 질렀다.

"왜 그래. 무슨 일이니?"

밖에 있던 엄마가 우진이의 고함 소리를 듣고 쫓아 들어왔다.

"너 졸다가 꿈꿨어?"

"······."

"책상에서 그러지 말고 침대에서 편하게 자라. 응?"

우진이는 엄마에게 이끌려 침대에 누웠다. 하지만 잠을 잘 수 없었다. 우진이는 다시 침대에서 내려와 불을 켜고 몇 번이나 책에게 말을 걸었다. 여전히 책에는 아무 반응이 나타나지 않았다. 결국 우진이는 뜬눈으로 밤을 꼴딱 새웠다.

다음 날 아침, 우진이는 퀭한 얼굴로 학교로 향했다. 물에 젖은 솜처럼 발걸음이 한없이 무거웠다. 집에서 멀어지면 멀어질수록 자꾸만 서랍 속에 넣고 온 책이 생각났다. 교실에 들어간 우진이는 자리에 쓰러지듯 엎드렸다.

'휴. 왜 갑자기 그런 일이 생긴 거지?'

우진이는 벌떡 일어나 주먹을 불끈 쥐고 중얼거렸다.

"성호가 내 기분을 상하게 하지만 않았어도. 이게 다 성호 저 자식 때문이야."

우진이는 고개를 돌려 성호를 노려보았다. 그런데 성호의 눈은 평소와 다르게 퉁퉁 부어 있었다. 우진이처럼 힘이 하나도 없어 보였다.

'뭐야. 어제 애들이 올린 댓글을 보고 저러나?'

그때였다. 해찬이가 성호에게 다가가더니 어깨를 툭 치며 말했다.

"야, 너는 왜 잔반 우수 학급이네 뭐네 하는 그런 글을 올리나?"

해찬이의 말에 주변에 있던 아이들은 너도나도 한마디씩 했다.

"맞아. 급식을 다 먹는 게 얼마나 힘든데."

"난 너 때문에 저번에 남아서 청소도 했어. 내가 그날 우리 엄마한테 얼마나 혼난 줄 알아?"

"그러고 보니 왜 사사건건 우리한테 명령이냐?"

"지가 회장이면 다인가?"

성호는 아이들을 둘러보며 말했다.

"잔반 우수 학급에 뽑히면 상품을 준다니까 그렇지. 나 혼자만 좋자고 그런 거냐?"

"솔직히 넌 여태까지 너 혼자 좋은 일만 했잖아. 그러니까 그런 별명이 붙었지. 잘난 척 대왕!"

해찬이는 큰 소리로 쏘아붙이고는 자리로 돌아가 버렸다. 아이들의 시선이 성호에게로 쏟아졌다. 성호는 어쩔 줄 몰라 하더니 밖으로 나가 버렸다. 가만히 그 모습을 지켜보던 우진이는 다시 자리에 엎드려 중얼거렸다.

"흥. 쌤통이다, 박성호."

하지만 무슨 이유에서인지 우진이의 기분은 조금도 나아지지 않았다. 집에 가서도 마찬가지였다. 별별 이야기를 늘어놓아도 책에는 아무런 변화가 없었다. 하지만 우진이는 포기하지 않았다. 며칠이 지나고 나서는 아예 하루도 빠짐없이 책을 가방에 넣어 가지고 다녔다. 그러고는 사람이 없는 곳에서 틈틈이 책을 꺼내 말을 붙였다. 우진이는 아무 반응이 없는 책을 보며 꼭 예전처럼 돌려놓겠다고 다짐하고 또 다짐했다.

그러던 어느 날이었다. 학교 한구석에서 책에 말을 걸던 우진이는 곧 수업시간이 시작된다는 걸 알고 헐레벌떡 교실로 향했다. 그런데 교실 문을 열자 희한한 광경이 펼쳐졌다. 성호가 교탁 앞에서 무언가 열심히 이야기하고 있었다. 그런데 해찬이를 비롯한 반 아이들 몇몇은 여기저기를 뛰어다니며 시끄럽게 떠들어 댔다. 성호는 우진이가 들어온 줄도 모르고 손나팔까지 해 가며 큰 소리로 말했다.

"얘들아, 선생님이 반 대항 농구시합에 나갈 선수들을 뽑아 오래. 야!"

성호는 급기야 고래고래 소리를 질렀다. 하지만 누구 하나 성호의 말에 귀를 기울이지 않았다.

"야! 너희들. 내 말이 안 들려?"

성호는 교탁 앞에서 발을 동동 굴렀다. 우진이는 호주머니에 손을 꼽고 자리로 돌아가 앉았다. 흘깃 쳐다본 성호의 얼굴은 거의 울상이 되어 있었다.

'아. 어떻게 하지?'

우진이는 가만히 생각에 잠겼다. 사실 몇몇 사건 이후로 아이들이 성호를 대하는 태도는 크게 달라져 있었다. 그동안 성호에게 좋지 않은 감정이 있는 애들이 많았는데, 그런 애들이 하나둘 늘어나다 보니 불만이 폭발한 게 분명했다. 하지만 그렇게 된 데는 우진이가 인터넷 카페에 올린 댓글도 한몫했다. 우진이는 모르는 척하려 했지만 자꾸만 이 상황이 신경 쓰였다.

"야, 김해찬!"

한참을 망설이던 우진이는 벌떡 일어나 큰 소리로 말했다. 시끄럽게 떠들던 아이들이 조용해지더니 우진이에게로 눈길이 쏠렸다. 교실 안을 뛰어다니던 해찬이는 동작을 멈추더니 우진이를 보며 말했다.

"뭐야. 왜?"

우진이는 천연덕스럽게 해찬이를 쳐다보며 말했다.

"아, 난 널 부른 게 아니라 성호한테 말한 거였어. 반 대항 농구시합에 네가 나가면 우리가 우승할 것 같아서 선수로 추천하려고."

아이들은 웅성거리기 시작했다. 우진이는 아이들을 둘러보며 다시 입을 열었다.

"솔직히 우리가 저번에 완전 아깝게 졌잖아. 이번에 또 지고 싶냐? 너희도 빨리 추천해."

우진이의 말이 끝나자 한 아이가 뒤이어 말했다.

"그럼 난 준서를 추천할래. 준서가 운동 하나는 끝내주잖아."

"야, 형철이를 빼놓으면 섭섭하지. 형철이가 우리 반에서 가장 키가 크다고."

교실은 순식간에 선수를 추천하는 의견들로 북적였다. 누가 선수로 나갈지 정해지자, 성호는 제자리로 돌아가 앉았다. 우진이는 한결 마음이 편해져 절로 웃음이 나왔다.

"야, 나 급한 일이 있어서 먼저 간다."

집으로 돌아가는 길, 준서는 우진이에게 다급하게 인사를 건네고는 뛰어갔다. 가방을 둘러매고 터덜터덜 걷던 우진이는 고소한 냄새에 발걸음을 멈추고 콧구멍을 벌름거렸다.

"아, 배고파 죽겠네. 용돈은 다 떨어져 가고 어쩌지?"

그때였다. 옆에서 누군가가 우진이를 밀치며 말했다.

"야, 저리 비켜. 더럽게 침 떨어지겠다."

옆을 보니 성호였다.

'이 자식이 또 시비를 거네.'

우진이는 성호를 불만스러운 눈빛으로 쳐다봤다. 성호는 아무 말 없이 아저씨에게 이천 원을 내밀며 말했다.

"아저씨, 여기 컵 치킨 주세요. 천 원짜리 두 개로요."

컵 치킨을 받아든 성호는 우진이에게 불쑥 하나를 내밀었다.

"추접스럽게 쳐다보지 말고 얼른 먹어. 그리고 아까는……. 아까는 고마웠어."

예상 밖인 성호의 말에 우진이는 휘둥그레진 눈으로 성호를 바라보았다. 성호도 어색한 눈치였다. 우진이는 그런 성호를 보다 컵 치킨을 순순히 받아들었다. 그러고는 한 조각을 입에 넣고 우물거리며 말했다.

"난 너 도와주려고 그랬던 거 아니야. 우리 반이 농구시합에서 이기면 좋을 것 같아서 그랬던 거지."

우진이는 잠자코 있는 성호를 보며 계속 이야기했다.

"이건 너 기분 나쁘게 하려는 건 아니고. 너, 잘난 척하는 거 쪼끔만 줄여라. 그러면 반 애들이랑 부딪치는 일도 확 줄어들

걸. 나하고도 그렇고."

성호는 아무 말 없이 땅을 쳐다보며 이야기했다.

"뭐, 나도 처음부터 잘난 척했던 건 아니야. 근데 조용하게, 겸손하게 가만히 있으니까 무시하는 애들이 있더라고. 그래서 좀 으스대기 시작한 거야. 무시당하는 게 싫어서."

우진이는 성호의 말에 깜짝 놀랐다. 하지만 이내 아무렇지 않은 척 이야기했다.

"걔네가 누구인지는 모르지만. 남을 무시하다니 그 애들이 잘못했네. 하지만 너도 걔네처럼 다른 애들을 무시하면 되겠냐?"

성호는 우진이를 쳐다봤다. 우진이는 손으로 입가를 닦으며 말했다.

"아무튼 박성호, 원래부터 잘난 척 대장은 아니었구나? 나 먼저 간다. 이거 잘 먹을게."

우진이는 뒤를 돌아 집으로 향했다. 발걸음이 조금은 가벼워진 것 같았다.

"냄새 기가 막히지 않냐? 너도 한입 줄까? 맛 좀 볼래?"

집으로 돌아온 우진이는 책을 펼쳐 놓고 컵 치킨을 흔들어 보이며 말했다. 그러다 책상 위에 컵을 탁 내려놓고는 책에 얼굴을 바싹 들이밀고 말했다.

"이거 성호가 사 준 거다. 놀랍지!"

책에는 여전히 아무 반응이 나타나지 않았다. 우진이는 눈을 감고 중얼거렸다.

"휴. 너하고도 사이좋게 지내고 싶다. 다시 예전으로 돌아갈 수 있다면 얼마나 좋을까."

그때였다. 갑자기 팔랑팔랑 바람이 일더니 뭔가 꿈틀꿈틀 움직이는 게 보였다. 우진이는 눈을 번쩍 떴다. 맨 처음 움직이는 글자를 봤을 때처럼 볼을 확 잡아당겼다.

"아얏. 꿈이 아니잖아."

우진이는 눈을 커다랗게 뜨고 책을 들여다보며 소리쳤다.

"갑자기 어떻게 된 일이지?"

갑자기가 아니야. 오늘 성호한테 한 네 행동을 보니 진심으로 잘못을 뉘우친 것 같아서 다시 이야기하고 싶어졌어. 그리고 이제는 내가 하는 말을 잘 이해할 수 있을 것 같기도 하고.

"얘기? 무슨 얘기?"

내가 무슨 책인지 그새 까맣게 잊은 거야?

"아, 맞다! 그럼 사회 공부에 대한 얘기?"

그래. 난 사회 공부에 대한 생각을 바꿔 주는 책이라고 했잖아.

"저, 많이는 아니지만 나도 생각이 조금 바뀌긴 했어. 적어도 사회 공부가 딴 세상 얘기는 아니라는 것도 알았고."

오호, 그래?

"그렇다니까? 사회 시간에 배운 것들이 나하고도 아주 많이 관련 있더라고. 너도 알다시피 덕분에 내 문제들을 해결하는 데도 도움을 받았잖아. 뭐…… 그리고."

그리고?

"성호…… 하고도 가까워진 것도 같고. 뭐 이것도 사회 덕분인가?"

그래. 사회는 사람들이 사이좋게 더불어 살아갈 수 있도록 도와주는 과목이니까 네 말이 맞아. 그런데 사회 공부를 해야 하는 또 다른 이유가 있어.
사회는 사람들이 살아왔고, 지금도 살고 있는 세상에 대해 알려 주는 과목이야. 따라서 사회 과목을 배우다 보면 나뿐만 아니라 그 속에서 벌어지는 여러 문제에도 관심을 갖게 돼. 관심을 갖다 보면 그 문제를 해결하기 위해 노력하게 되고.
처음에는 내 주변의 문제들에서 시작하지만 점점 넓어지지. 환경 문제, 빈곤 문제, 인종 차별 문제…… 한마디로 내가 사는 세상의 수많은 문제들에 대해 같이 고민하게 되는 거야. 그러니 사회를 공부할수록 네가 살고 있는 이 세상을 더 좋은 곳으로 변화시킬 수 있어.

"음. 사실 네가 하는 말은 좀 어려워. 그렇지만 조금은 알아들을 수 있을 것 같아. 나도 네가 알려 준 사회 지식으로 뭔가 변화시켜 봤잖아? 그러다 보니 사회에 대한 관심도 좀 생기는 것 같고. 솔직히 그동안에는 사회를 왜 배워야 하는지도 모르고 무조건 외우려니 짜증났거든. 아무튼 사회가 나랑 아무 상관없다는 생각은 확실하게 벗어난 것 같아."

듣던 중 반가운 소리군!

"저, 그러면 앞으로도 나랑 이렇게 계속 얘기해 줄 거지?"

좋아.

우진이는 가슴을 쓸어내리고는 책을 덮어 서랍 속에 잘 넣어 두었다. 그 이후로 우진이는 책과 많은 이야기를 나누었다. 그리고 점점 사회시간에 꾸벅꾸벅 조는 일이 줄어들었다. 그 대신 또랑또랑한 눈빛으로 수업을 듣는 시간이 늘어났다.

그러던 어느 날, 우진이는 서랍 속에 있는 책을 펼쳐 들고 기분 좋게 자랑을 했다.

"나, 오늘 용돈기입장을 하나 샀다. 만날 용돈이 모자라서 힘들었는데 이걸 써 보면 좀 좋아질 것 같아서. 그리고 남는 돈은 조금씩 모아서 기부하기로 했어. 얼마 전에 텔레비전에서 아프리카 아이들을 봤거든. 내 또래인 것 같은데 너무 안됐더라고. 나 진짜 짱이지 않냐? 혼자서 고민도 척척 해결하고, 좋은 일도 하고. 응? 어떻게 생각해! 아, 거 내 말이 맞으면 팔랑팔랑 좀 해 봐."

우진이의 말이 끝나자 책에는 글이 만들어졌다.

이제는 정말 너랑 헤어질 때가 된 것 같아.

우진이는 책에 쓰인 글을 보고 깜짝 놀라 고개를 저었다.
"야, 갑자기 그게 무슨 소리야. 내가 뭐 잘못한 거라도 있어?"

아니. 이제 너한테 나는 더 필요 없는 것 같아서. 난 사회 공부를 싫어하는 아이들의 생각을 바꿔 주고, 사회를 왜

배워야 하는지 알려 주려는 책인데 넌 이제 그걸 다 깨달은 것 같거든.

"아직 완전히 좋아진 건 아니야. 외우는 것도 힘들고, 수업시간에 꾸벅꾸벅 잠이 오기도 한다고."

그래도 처음 만났을 때랑은 많이 달라진 것 같은데? 적어도 '사회 공부 때문에 짜증 나!'라는 소리는 외치지 않잖아.

"하지만…… 그것 갖고는 부족해. 사회 공부를 완전 좋아하게 만들어 줘야지!"

후훗. 내가 보기에는 넌 이미 사회 공부를 정말 좋아하는 것 같은데?

우진이는 뭐라고 대꾸하지 못했다. 사실 사회 공부에 흥미를 느끼고 있었던 터였다. 알고 보니 사회는 무작정 외우는 과목이 아니었다. 책에 나온 사건과 내용을 이해하고 넘어가니 외우지 않아도 기억에 남고 재미가 있었다. 하지만 이대로 책과 헤어지기는 너무 싫었다.

사실 나도 너랑 헤어지기 아쉬워. 하지만 사회 공부를 싫어하는 또 다른 애들을 찾아 나서야 할 것 같아.

우진이는 조용히 책에 쓰인 글을 바라보다 입을 열었다.
"앞으로 우리가 또 만날 수 있을까?"

글쎄. 만날 수도 있고 못 만날 수도 있겠지?

우진이는 책장을 덮어 다시 서랍 속에 넣었다. 그래서는 안 될 것 같지만 그 신기한 책을 영영 떠나보내기가 싫었다.
밤늦게 학원에서 돌아온 우진이는 불을 끄고 침대에 누웠다. 그러자 문득 서랍 속에 넣어 둔 책이 생각났다. 한참을 고민하던 우진이는 무언가 결심한 듯 다시 일어났다. 방에 있는 창문을 조금 연 우진이는 서랍에서 책을 꺼내들었다. 그러고는 책을 펼치고 "잘 가."라고 속삭였다.

　책 표지가 펄럭이더니 '고마워.'라는 글이 쓰였다. 우진이는 숨을 한 번 길게 내쉬고는 책을 창문가에 올려 두었다. 침대로 돌아온 우진이는 이리저리 뒤척이다 스르륵 단잠에 빠져들었다. 그리고 신기한 꿈을 꾸었다. 우진이 또래로 보이는 새로운 아이가 그 신기한 책과 마주보고 있는 꿈을. 잠이 든 우진이의 입가에는 밝은 미소가 걸렸다.

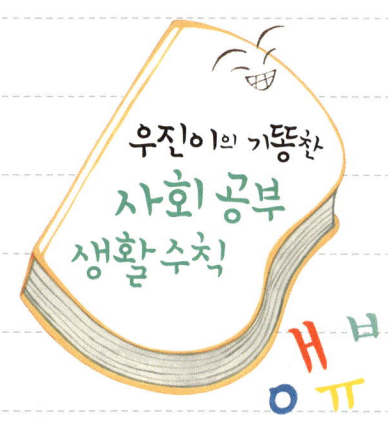

우진이는 신기한 책과 만나 여러 사건을 겪으며 왜 사회 공부를 해야 하는지 깨달았어요. 덕분에 지금은 사회에 흥미를 느껴 열심히 공부하고 있지요. 그럼 우진이는 어떻게 사회 공부를 하고 있을까요? 자, 우진이가 실천하는 사회 공부 생활 수칙은 무엇인지 함께 살펴볼까요?

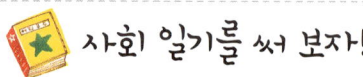 사회 일기를 써 보자!

사회 공부를 재미나게 할 수 있는 첫 번째 방법은 호기심을 갖는 거예요. 주변에서 일어나는 사회 현상에 항상 관심을 가져 보세요.

그러다 보면 사회 과목에 흥미가 생기게 됩니다. 예를 들어, '대통령은 무슨 일을 할까?', '세계에서 가장 넓은 나라는 어디지?', '믹서기가 없던 시절에는 어떤 물건을 썼을까?' 같은 다양한 질문들을 해 보세요. 그다음에는 그 질문의 답을 찾는다는 생각으로 공부해 보세요.

또한 어린이 신문을 읽거나 뉴스를 보고, 매주 1가지씩(혹은 2주에 한 번씩이라도) 우리나라나 세계 곳곳에서 일어나는 일들에 대하여 자기 생각을 일기로 써 보는 것도 좋아요. 이것을 사회 일기라고 하지요. 또 역사를 공부할 때는 그 시대의 사람이 되었다고 상상하고 역사 일기를 써 보세요. 예를 들어 조선 후기에 정조 임금이라고 생각하고 수원 화성을 어떻게 지을지 신하들에게 설명하는 글을 써 보는 것이지요. 매우 신기하면서도 재미있는 공부가 될 거랍니다!

 나만의 사회 용어 노트를 만들어 보자!

사회를 공부하다 보면 처음 보는 용어가 많이 나와요. 이런 용어들 때문에 많은 친구들이 사회 공부를 하는 데 어려움을 느끼지요. 그럼 모르는 용어가 나오면 어떻게 하면 좋을까요? 그럴 때는 무작정 외우지 말고, 사전이나 사회 관련 책에서 용어의 뜻을 바로바로 찾아보세요. 그리고 그 용어의 뜻을 정확히 알고 넘어가세요. 용어의 뜻을 모르면 교과서 내용을 제대로 이해할 수 없지요. 이제부터는 공부를 하다 모르는 말이 나오면 찾아보는 습관을 들이도록 해요. 이것을 위해 사회 용어 노트를 만들어 정리해 두는 것도 효과적이에요. 역사를 공부할 때는 역사 인물 노트도 만들어 보면 좋답니다.

체험 학습을 떠나자!

체험 학습을 통해 얻은 지식은 머릿속에 더 오랫동안 남아요. 그래서 유적지 탐방이나 박물관 견학은 훌륭한 사회 공부가 되지요. 하지만 체험 학습을 갈 때 아무 계획 없이 나서는 것은 좋지 않아요. 알차고 재미있는 학습이 되려면 여러분 스스로 적극적으로 준비해야 하지요. 체험 학습을 떠나기 전에는 내가 이번에 갈 장소가 어디인지, 그곳에 가면 어떤 것을 볼 수 있는지 미리 조사해 보세요. 또 현장에 도착하면 사진을 찍고, 사진에 대한 설명과 감상을 꼼꼼히 기록하세요. 마지막으로 체험 학습을 다녀온 뒤에는 직접 모은 자료를 가지고 여러분만의 보고서를 만들어 보세요. 그렇게 하면 체험 학습을 통해 얻은 지식과 느낌이 훨씬 체계적으로 정리될 거예요.

일상생활의 경험을 떠올리자!

사회는 우리의 일상생활과 아주 가까운 과목이에요. 정치, 경제, 문화, 역사. 사회에서 배우는 모든 것들이 알고 보면 우리 주변에서 벌어지고 있는 일들이랍니다. 따라서 사회 공부를 할 때 일상생활에서 겪었던 경험을 함께 떠올려 보세요. 예를 들어 '인터넷 상거래로 생활이 편리해졌다'는 내용을 공부할 때는 엄마가 인터넷으로 물건을 살 때를 떠올려 보세요. '가정의 행사'에 대한 내용을 공부할 때는 우리 가족의 생일, 할머니의 환갑잔치 등을 떠올려 보고요. 그러면 공부 내용이 훨씬 이해하기 쉽고, 가깝게 느껴질 거예요.

사회와 관련된 책을 다양하게 읽자!

평소 사회와 관련된 책을 읽어 두면 수업을 듣거나 공부를 할 때 많은 도움이 됩니다. 이런 책들을 읽으면 사회에 관해 다양하면서도 깊은 지식을 쌓을 수 있거든요. 역사책도 좋고 문화재나 민속에 관한 책도 좋아요. 우리나라와 세계 곳곳의 자연환경과 특징을 소개하는 책도 좋지요. 틈틈이 시간이 날 때마다 사회와 관련된 책들을 꾸준히 읽어 보세요. 공부할 단원과 관련된 책을 미리 읽어 보는 것도 좋아요.

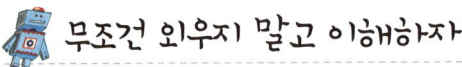 무조건 외우지 말고 이해하자!

사회 공부를 할 때는 먼저 내용을 충분히 이해하는 게 중요해요. 무턱대고 외우면 머릿속에 잘 남지 않거든요. 예를 들어 볼까요? 우리나라 남부 지방에서는 '―'자 모양의 집을, 북부 지방에서는 'ㅁ'자 모양의 집을 짓고 살았어요. 그런데 이걸 그냥 외우면 문제를 풀 때 헷갈릴 수 있어요. 남부 지방의 집이 '―'자 모양인지, 'ㅁ'자 모양인지 말이에요. 하지만 남부 지방의 집이 '―'자 모양인 이유를 이해한다면 헷갈릴 염려가 없지요. 여러분도 한번 생각해 보세요. 남부 지방은 여름철에 기온이 높아요. 당연히 집을 시원하게 지어야겠지요? 그래서 바람이 잘 통할 수 있도록 '―'자 모양으로 만들었어요. 하지만 북부 지방은 기온이 낮고 추워요. 그래서 바람을 잘 막을 수 있도록 'ㅁ'자 형으로 집을 만들었지요. 어때요. 왜 그런지를 이해하고 나니 내용이 머릿속에 잘 들어오지요? 이제부터는 무조건 외우려 하지 말고, 먼저 내용을 이해해 보세요.

그림과 사진, 그래프를 눈여겨보자!

사회 시험에서는 그림이나 사진을 보고 풀거나, 그래프를 이해해야 풀 수 있는 문제가 나오지요. 그러므로 공부 내용과 관련된 그림이나 사진 자료를 미리 익혀 두는 게 좋아요. 또, 다양한 그래프를 올바르게 해석하는 연습도 중요하지요.

지리 공부를 할 경우, 지도를 직접 그려 보거나 잘 살펴야 해요. 백지도를 이용하여 지도를 완성하거나 투명 필름을 지도에 대고 그려 봐도 좋답니다. 물론 처음에는 이런 것들이 쉽지 않아요. 하지만 꾸준히 하다 보면 지도나 그래프가 한층 익숙해 질 거예요.

 오답 노트를 만들자!

사회는 정치, 경제, 지리, 민속, 역사 등 분야가 아주 다양해요. 그만큼 학년이 오를수록 공부해야 할 내용도 많지요. 이 많은 사회 공부를 하다 보면 각자 부족한 부분이 생기기 마련이에요. 각자 약한 부분을 집중적으로 공부하고, 많은 문제를 풀어 보는 게 중요하지요. 하지만 문제를 풀고 나서 채점만 하고 끝내서는 안 돼요. 오답 노트를 만들어 어떤 문제를 틀렸는지 적고, 다시 푸는 과정을 거쳐야 합니다. 특히 시험을 보기 전에 이 오답 노트를 죽 훑어보면 큰 도움이 된답니다.

TV 다큐멘터리를 즐겨 보자!

텔레비전에서 방송해 주는 다큐멘터리 방송은 내 주변이 아닌 더 넓은 사회를 보여 주고, 생각하게 하는 좋은 매개체입니다. 다큐멘터리는 딱딱하고 재미없다고 생각하기 쉬운데 요즘 다큐멘터리는 드라마나 예능 못지않게 흥미롭게 만들어지고 있답니다. 사회의 지리, 역사 등의 내용은 실제처럼 재구성해서 보여 주기 때문에 사회 공부에 더욱 효과적이죠.

 ### 나만의 방식으로 요점 정리를 해 보자!

수업이 끝나거나 한 단원이 끝났다면 나만의 방식으로 요점 정리하는 시간을 가져 보세요. 북 메이킹을 이용하면 더욱 효과적이랍니다. 병풍 이어 접기 책이나 계단책 등을 이용하여 내용을 정리한다면 공부가 더 재미있어질 거예요.

생활 수칙을 알려 주신 한희란 선생님은 전주교육대학교에서 공부하시고, 현재 초등학교에서 아이들을 가르치고 계십니다. 『즐거운 사회 탐구 사회랑 놀자』 시리즈 개발에 참여하셨습니다.